NEXT GIGAの
仕事イノベーション

学校で使いたい

AI
の
すべて

高森 崇史
Takafumi Takamori

JN193824

明治図書

はじめに

　本書を手に取っていただき，ありがとうございます。

　熊本県で小学校教諭をしている高森崇史と申します。日頃は，熊本県で Google，Microsoft，ロイロノート・スクール，Kahoot!，Goodnotes，Wakelet などの ICT や AI に関する内容を中心とした研修をしています。また，Instagram や Voicy，Threads，X では，「ルート先生」として教育に関する情報を発信しています。

　本書は，学校現場で活用できる AI ツールや実際の使用事例を紹介しています。ただ，現在の学校現場における AI 活用は，世界的に見てもごく一部の地域でしか行われていません。すなわち本書は，数年先の未来に向けての提案とも言えます。

　本書の執筆を進めたのは，春休みの期間でした。その春休み，Google for Education Champions TOKYO Symposium に参加しました。初の日本開催であり，Google for Education Champions の資格をもつ人のみが参加できるイベントです。この Symposium では，Champions の実践発表や世界で活躍する方々の講話など，中身の濃い研修が 3 日間にわたって行われました。非常に刺激的な 3 日間であり，本書の執筆にも大いに影響がありました。この 3 日間の研修で改めて実感したのは，今後の社会では AI が中心的な役割を果たすだろうということです。AI 開発競争がますます激化し，教育分野を含むあらゆる分野で AI の活用が進む時代が到来します。

　これからの時代は，ICT に加え AI を活用することが不可欠です。本書が未来の教育をより豊かなものにする一助となることを願っております。

2024年 7 月

高森　崇史

本書で紹介する AI ツール早見表

文章生成 AI

　入力したプロンプトにもとづいて文章を生成するAI。チャットボット形式の対話型が代表的で，創作や要約，文章補完などに役立つツールもあります。

本書で紹介する主な例 ChatGPT/Copilot/Gemini/Claude　など

画像生成 AI

　画像やイラストを生成するAI。テキストベースでゼロから画像を生成するものもあれば，既存の画像を加工・編集するツールや，簡単なスケッチを補完するものまで様々です。

本書で紹介する主な例 DALL-E/Midjourney/Adobe Firefly　など

プレゼンテーション生成 AI

　比較的新しい技術で，入力したプロンプトにもとづいてプレゼン用のスライドを生成するものや，スライドの構成を考えるものなどがあります。

本書で紹介する主な例 Gamma/Docs to Decks/ パワポ生成 AI　など

動画生成 AI

　テキストから動画を生成するものを中心に，サイトの要約をまとめるものや1枚の画像から動画を生成するものなども開発され，急速に進化しているジャンルと言えます。

本書で紹介する主な例 Sora/Gen-2 by Runway/LensGo　など

音楽生成 AI

　作曲・編曲を中心に，歌詞を付けることができるツールもあります。音楽に関して専門的に学んでいる人でなくても操作がしやすく，高品質な作品ができる点が魅力です。

本書で紹介する主な例 Suno AI/SOUNDRAW　など

その他の AI

　上記以外にも，アプリケーション内で AI 技術を活用したもの，AI によるサービスやサポートが受けられるウェブサイトなど，身の回りにある様々なツールを紹介していきます。

本書で紹介する主な例 promptia/Miro/Otter/ChatPDF　など

※本書の内容は，特に断りがない限り執筆時点の情報にもとづいています。実際にご使用の際は変更になっている場合がありますので，ご注意ください。

CONTENTS

■活用アイデア

画像生成 AI

■基礎知識

■活用アイデア

プレゼンテーション生成 AI

■基礎知識

■活用アイデア

第 1 章

学校の先生のための
AI活用入門

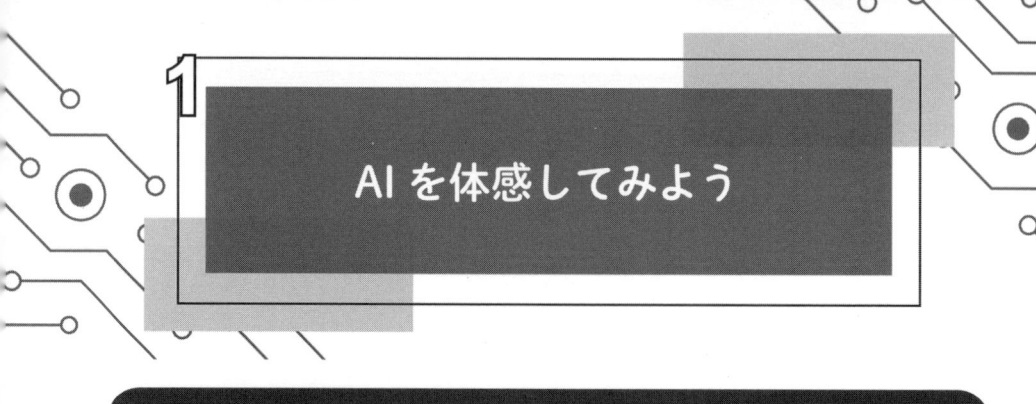

1 AIを体感してみよう

生成 AI を使うための基本知識

AI（人工知能）とは，コンピュータやマシンに人間のような知能を実装する技術のことです。教育現場では，AI を利用して個別学習の支援，授業の質の向上，業務の効率化などが期待されています。

■ AI ができること

・データから学習し，その学習をもとに予測や判断を行う。
・大量のデータを処理し，複雑なパターンを認識する。
・人間の言語を理解し，文章を生成する。
・学習者一人ひとりのニーズに合わせた学習計画を提案する。
・課題やテストの自動採点，フィードバックを実施する。
・質疑応答で，学習者の疑問に即座に答える。
・文章から画像を生成する。
・文章から動画を生成する。
・文章からプレゼンテーションを生成する。
・文章から音楽を生成する。

AI というと文章生成 AI だけをイメージされる方が多いです。しかしながら，AI は文章以外にも画像や動画，プレゼンテーション，音楽など様々なものを自動で生成することができ，初めて使うときには感動します。本書を読まれている方もぜひ，この感動を体感してみてください。

生成AIを使うための基本知識

プロンプト

動作をするよう促すもの。AIに指示を出すためのテキスト。

サインアップ

アカウントの登録を行うこと。ほとんどのAIのウェブサイトは登録が必要。1回登録すれば、次回からは自動でログイン可能。

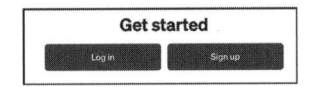

簡単な登録方法

ウェブサイトの登録はメールアドレスで行う。しかし、ログインの度にメールアドレスとパスワードを入力する必要があり、時間がかかってしまう。

GoogleやMicrosoft、Appleのアカウントがあれば簡単に登録・ログインができる。

無料版と有料版

無料版は、「回数制限がある」「クオリティが下がる」「透かしが入る」などの制約がある場合が多い。無料版で試し、気に入ったものは有料版に切り替えるか、複数の無料版を使い分け回数制限内で使用することがおすすめ。

AI の間違えない使い方

AI の適切・不適切な活用例

■教育現場での適切な活用例

- ・情報モラル教育の一環として，AI 技術を使用する。
- ・生成 AI の回答内容を議論に活用する。
- ・アイデア出しに活用する。
- ・英会話の相手として活用する。
- ・よりよい文章にするために添削をさせる。
- ・文章の「たたき台」として AI に文章を生成させる。
- ・プログラミングを行わせる。
- ・小テストやワークシートの案を生成させる。
- ・生成 AI に授業内容案を相談する。
- ・外国籍の保護者への文章の翻訳を行う。

■教育現場での不適切な活用例

- ・AI の情報を鵜呑みにする。
- ・AI の性質を学習せずに使用する。
- ・作文やレポート，論文などの文章を AI に生成させ，そのまま提出する。
- ・創造性を育む際に最初から安易に AI をお手本にする。
- ・データ処理の学習の際に最初から AI に頼る。
- ・子どもへのコメントや評価を AI だけに行わせる。
- ・その子自身の能力を測るテストにおいて AI を使わせる。
- ・対話能力を育む場面で，安易に AI に頼る。

先生が知っておきたい 代表的な AI の種類

代表的な AI　3 種類

　AI 技術は教育現場での利用が広がっており，先生はこの技術を活用して指導方法を革新し，学習体験を向上させることができます。ここでは，先生が特に注目すべき代表的な AI として「ChatGPT」「Gemini」「Copilot」を紹介します。この 3 つはこれからの時代に必須です。

　ChatGPT は，自然言語処理（NLP）をもとにした会話型 AI で，OpenAI によって開発されました。ユーザーが入力した質問に対して，まるで人間のように自然な対話形式で AI が答えます。さらに有料版の ChatGPT 4 を使用することで画像生成も可能になります。

　Gemini は，Google によって開発された AI です。テキストや画像，音声，動画など複数の異なるデータを同時に学習，処理することができます。また，Google ドキュメント，Google Meet，Google スプレッドシート，Google スライド，Gmail などすべての Google ツールと連携でき，仕事の生産性が劇的に向上します。

　Copilot は，Microsoft によって開発された AI です。文章生成だけでなく，Word，Excel，PowerPoint，Outlook，Teams などの一般的な Microsoft ツールと連携して動作する AI 支援機能があります。Microsoft ツールと連携することでスライド作成・議事録作成・メール作成など，様々な業務がよりスピーディーになります。

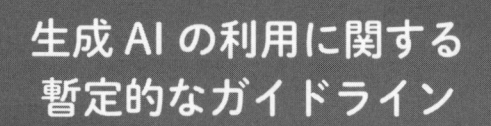

4 生成 AI の利用に関する暫定的なガイドライン

知っておきたい基本知識

　文部科学省が作成した「初等中等教育段階における生成 AI の利用に関する暫定的なガイドライン」は，AI を使用する上で必ず目を通す必要があります。下は，Copilot が「初等中等教育段階における生成 AI の利用に関する暫定的なガイドライン」の PDF を要約した内容です。

・ガイドラインの位置付け
　生成 AI は急速に進化しており，教育現場での利用にはメリットと懸念が存在します。国としての考え方を示す必要があります。

・教育利用の方向性
　生成 AI を教育に活用する際の基本的な考え方として，AI の回答は参考の 1 つとし，最終的な判断は自分で行う姿勢が必要です。

・重要な留意点
　個人情報保護，教育情報セキュリティ，著作権保護などの観点から，生成 AI の利用には慎重なアプローチが求められます。
　これらのガイドラインは，教育関係者が生成 AI を適切に利用するための参考資料として位置付けられており，機動的な改訂が想定されています。また，生成 AI の普及と発展を踏まえ，今後の教育の在り方についてもさらなる検討が行われる予定です。

生成AIの利用に関するオンライン研修会

第1回
生成AIの基礎と教育における活用可能性

第2回
教育活動・教務で活用できるプロンプト紹介

第3回
生成AIを活用する上での基本的な考え方
情報活用能力の育成

第4回
技術の進化は教育に何をもたらすのか

第5回
教育における生成AIの可能性

※YouTubeにリンクします。データ通信量にご注意ください。

第 **2** 章

学校で使いたい
AI のすべて
基礎知識＆活用術

文章生成 AI

ChatGPT

基礎知識

先生の強力な助っ人

　ChatGPT は，授業計画の作成，教材の準備，クイズやテストの問題作成など，授業準備において重要な役割を果たします。また，学級通信や企画書，提案書，メールなど，文章の「たたき台」を作成することで，業務の効率を高めることもできます。

　ChatGPT の有料版は，画像生成や AI のカスタマイズ機能もあり，さらに活用の幅が広がります。子どもたちや教師からの様々な質問に対して即座に回答を提供することができるので，個別指導支援から授業準備，言語学習の促進，創造性の促進，質問応答までを行い，教育の質を高め，教師の作業負担を軽減するために有効に活用することが可能です。

 You
Chat GPTについて簡単に説明してください。

ChatGPT
ChatGPTは、自然言語処理（NLP）の分野でOpenAIによって開発された人工知能ベースのチャットボットです。GPT（Generative Pre-trained Transformer）という技術を基盤にしており、大量のテキストデータから学習しています。この学習により、ChatGPTは人間と自然言語で会話を行うことができ、様々な質問に対する回答、文章の作成、翻訳、要約など、多岐にわたるタスクを実行できます。

GPTモデルは数回にわたりアップグレードされ、各世代で性能が向上してきました。この進化により、より複雑な対話、情報の提供、創造的な内容生成などが可能になっています。ChatGPTは、その対話能力を活かして、エンターテイメント、教育、研究、カスタマーサポートなど、多様な分野での応用が期待されています。

ChatGPTの使い方

アプリ版

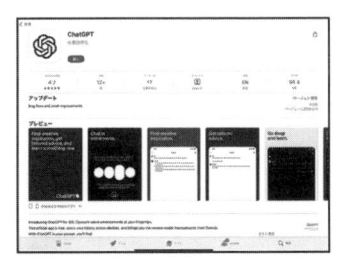

ウェブサイト版

使い方：サインアップし、プロンプトを入力する

○ ChatGPT

ChatGPTの使い方について説明します。ChatGPTは、さまざまな質問に答えたり、会話をしたりすることができるAIです。以下に、基本的な使い方をいくつか紹介します。

1. 一般的な質問をする

あなたが知りたい情報や、理解したいトピックについて質問します。たとえば、「月の距離はどのくらい？」や「Pythonでリストをソートする方法」など、何でも聞いてみてください。

2. テキストの生成を依頼する

物語、詩、スクリプト、手紙など、特定のテキストを生成するよう依頼することができます。「冒険に出る二人の友達についての短編小説を書いて」といった具体的なリクエストをすると良いでしょう。

3. 言語学習の補助

ある言語から別の言語への翻訳を依頼したり、文法や語彙に関する質問をすることができます。例えば、「"ありがとう"をスペイン語でどう言う？」などと尋ねることができます。

4. プログラミングの助けを求める

コードの書き方、デバッグの方法、プログラミングの概念について質問することができます。具体的なコードの例を提示して、どのように改善できるかを尋ねることが可能です。

5. 意見やアイデアを求める

創造的なアイデアや意見を求めることができます。「誕生日パーティーのアイデア」といったテーマについて提案を依頼することもできます。

POINT

学級通信や所見の見本作成補助、テスト問題作成、お礼のメールの文案、授業内容の相談、学習指導要領解説の要約など様々な用途で使用できます。有料版であれば、自分専用にAIをカスタマイズすることも可能です。

文章生成 AI

基礎知識

Copilot（旧 Bing Chat）

Microsoft ツールと連携が可能

　Copilot（旧 Bing Chat）は，Microsoft が提供する AI ベースのアシスタントツールで，様々な Microsoft ツールと連携しています。これにより，ユーザーは文書作成，データ分析，プレゼンテーション作成など，様々なタスクをより効率的に行うことができます。

　Word では，文章の校正や要約，さらには作成補助まで Copilot が行います。Excel では，データ分析やグラフ作成の際に，Copilot がデータの傾向分析や予測を行います。また，関数の提案やデータの整理にも役立ちます。PowerPoint では，プレゼンテーションのアイデアを提供し，デザインの提案やスライド作成の補助を行うことが可能です。

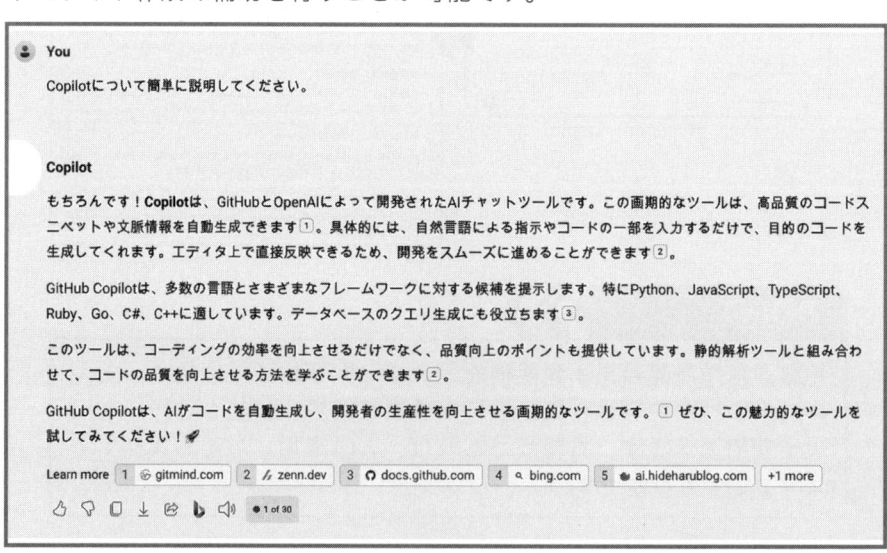

Copilotの使い方

アプリ版

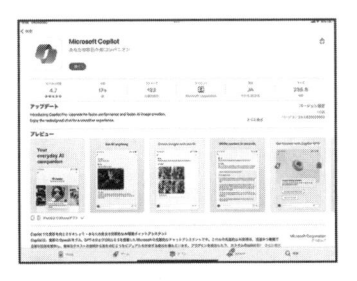

ウェブサイト版

使い方：プロンプトを入力するだけ

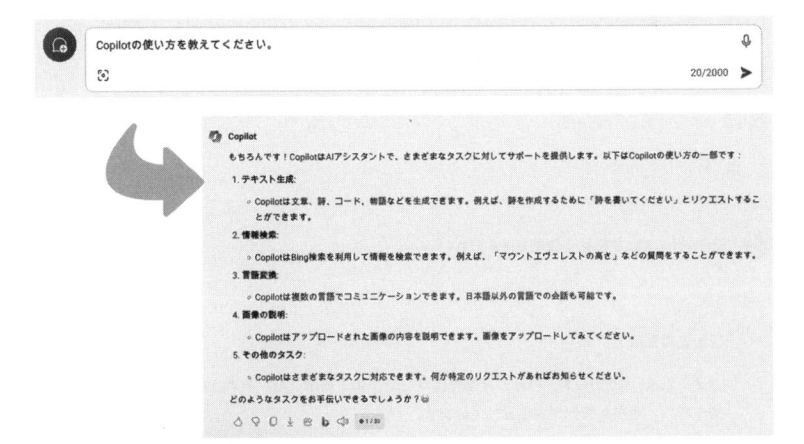

POINT

GPT-4およびGPT-4 Turbo搭載のAIを無料で使用することができるだけでなく、画像生成や音楽生成も無料でできます。PDFの要約やMicrosoftツールとの連携が非常に便利です。

文章生成 AI

Gemini（旧 Bard）

基礎知識

Google AI の最新技術

　Gemini（旧 Bard）は，Google が開発した最新の AI 技術を活用したツールで，自然言語処理（NLP）と生成する能力が Bard と比べ大幅に改善されたものです。Gemini は，テキストだけでなく，画像や音声，動画など様々な情報を組み合わせて理解することができます。例えば，目の前にある宿題の写真を撮影してアップロードし「宿題の答え合わせをして」と指示すれば，画像を認識し，答え合わせができます。他にも，作文や詩，手紙のお手本，文章の要約などを行い，教育活動をサポートすることも可能です。アウトプットの質は驚くほど高く，まるで人間の専門家がつくったかのような仕上がりになります。

Geminiについて簡単に説明してください。

ジェミニとは？

ジェミニは、Google AIが開発した高機能な会話型人工知能（AI）です。2023年12月に発表され、現在も開発が進められています。

主な特徴

- **マルチモーダル対応**：テキストだけでなく、画像、音声、動画も理解し、処理することができます。
- **高度なタスク実行**：画像生成、動画編集、音楽制作、プログラミングなど、様々なタスクを指示通りに実行できます。
- **対話型インターフェース**：自然な会話形式で指示や質問をすることができ、AI初心者でも使いやすいです。
- **豊富な知識**：膨大なテキストデータで学習しており、様々な知識を有しています。

Geminiの使い方

Googleアカウントにログインして使用します

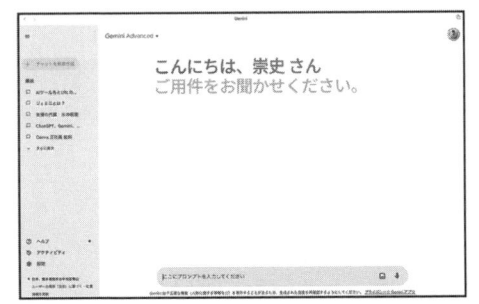

使い方：プロンプトを入力するだけ

Geminiの使い方を教えてください。

✦ Geminiの簡単な説明

Gemini は、Google AI が開発したマルチモーダルAIモデルです。これは、テキスト、画像、音声、動画など様々なデータを使って、様々なタスクを実行できることを意味します。

主な機能

- **質問に答える**
- **文章を生成する**
- **翻訳する**
- **情報を要約する**
- **コードを書く**

POINT ≫

Googleが開発した最新のAIがGeminiです。Google マップやGoogle スプレッドシート、Gmail、YouTubeなどと連携して活用できます。

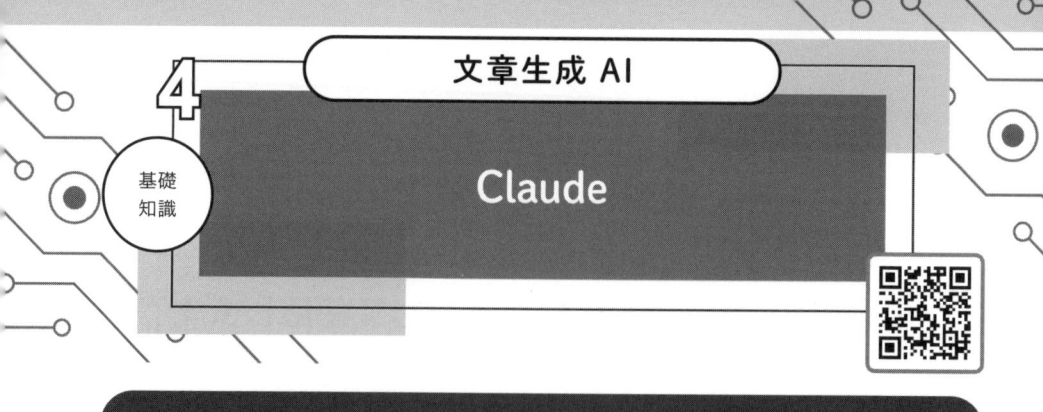

自然な日本語が魅力

Claude は，アメリカの Anthropic が提供する生成 AI です。他の生成 AI と同様に質問を投げかけると適切な内容で応答します。また，Slack をはじめとした様々なサービスとの連携も可能です。2024年 7 月現在，Claude 3.5 Sonnet という最新版を利用できます。

Claude は，回答が人間らしく自然な文章である点や，一度で処理できる文章量が多い点で優れていると言えます。他の生成 AI の回答と比べたいときや，大量の文章を処理したり相談したりするときに有効です。

日本では ChatGPT が人気ですが，Claude も非常に使いやすい AI です。

TT Claudeについて教えてください。

Claudeは人工知能企業AnthropicによってつくられたAIアシスタントです。様々な知識を備えており、ユーザーの質問に回答したり、作文の補助、プログラミングの支援、分析などの多様な作業を行うことができます。

私の知識ベースの最終更新は2023年8月時点のものですが、過去や未来の出来事についても当時の一般的な人間ならば持っていそうな知識に基づいて回答しています。ただし、最新のリアルタイムの情報は持ち合わせていないことにご留意ください。

性格面では、誠実で建設的な回答を心がけ、ユーザーに対して丁重で思いやりのある対応を行うよう設計されています。倫理的にも違法行為や有害な内容は遠慮します。プライバシーの保護にも細心の注意を払っています。

なお、私はあくまでAIのアシスタントでしかないため、完全に正確な知識や判断をするわけではありません。私の回答は参考程度に留め、最終的な判断は人間にゆだねられる必要があります。ご質問がありましたら、お考えの上でお話いただければ幸いです。

🗍 Copy ↻ Retry 👍 👎

Claudeの使い方

ウェブサイト版 or iOSのアプリケーション

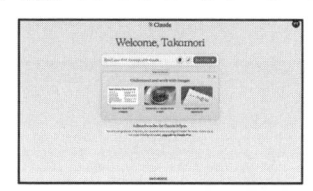

使い方：サインアップして質問を入力するだけ

> TT Claudeはどんな用途で活用できますか。
>
> Claudeは多様な用途で活用できる汎用的な人工知能アシスタントです。主な使い道は以下の通りです。
>
> 1. 質問への回答 様々な分野の知識を備えているので、一般的な事柄から専門的な内容までさまざまな質問に回答できます。
> 2. 作文・ライティングの補助 アイデアの出しから構成、文章の推敲までライティングの様々な工程をサポートします。小説、論文、ビジネス文書などジャンルを問わず助力します。
> 3. プログラムのコーディング複数の言語に対応しており、コード作成からデバッグ、最適化までコーディングの各段階で助言できます。
> 4. 分析・問題解決 論理的思考と推論能力を発揮し、データ分析や意思決定の補助、問題解決のための提案などを行えます。
> 5. 教育・学習の補助 様々な分野の知識を有しているため、教材の作成や家庭学習の質問への回答などの教育面でも活躍できます。
>
> 幅広い分野で人間の知的活動を支援できるのが大きな特徴です。具体的な用途や課題があればお話しいただけますと、より詳しくご案内できます。

POINT

Claudeは、スタートアップ企業であるAnthropicが提供する生成AIです。ChatGPTと同じように、チャットボックスに質問（プロンプト）を投げかけると応答します。

AI 検索エンジン

　Perplexity は GPT-4o など様々な AI モデルを使用できる AI 検索エンジンです。検索したいワードを入力することで，インターネット上から情報を収集し，自動で文章を生成します。Perplexity は基本無料で使用できますが，有料版の Perplexity Pro にすることで，AI モデルを選択することなどが可能になります。また，他の文章生成 AI とは違い，無料版は会員登録不要で使用できます。サインアップせずに AI を使ってみたいというときにおすすめのツールです。

　ただし，Perplexity は日本語の処理がやや苦手です。日本語を翻訳ツールで英語にしてから質問すると，より質の高い回答を得ることができます。

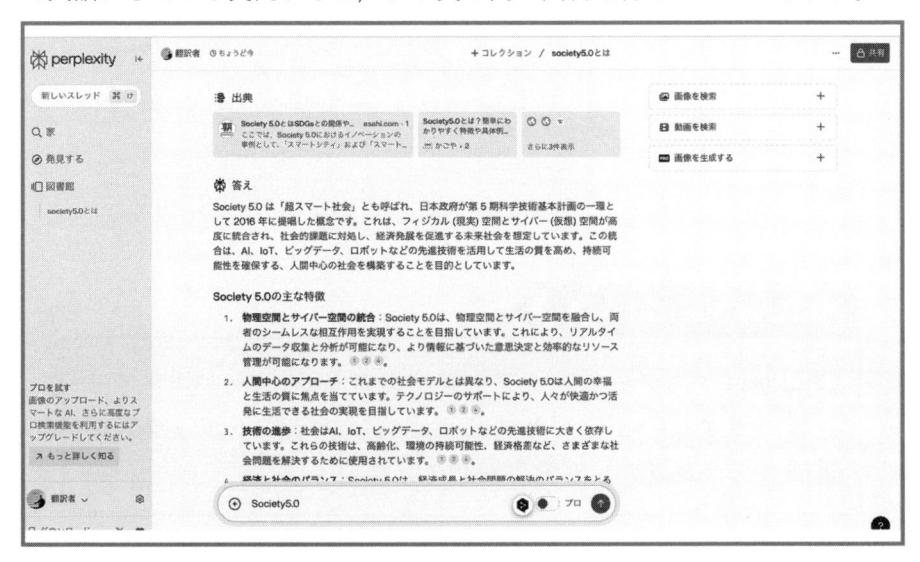

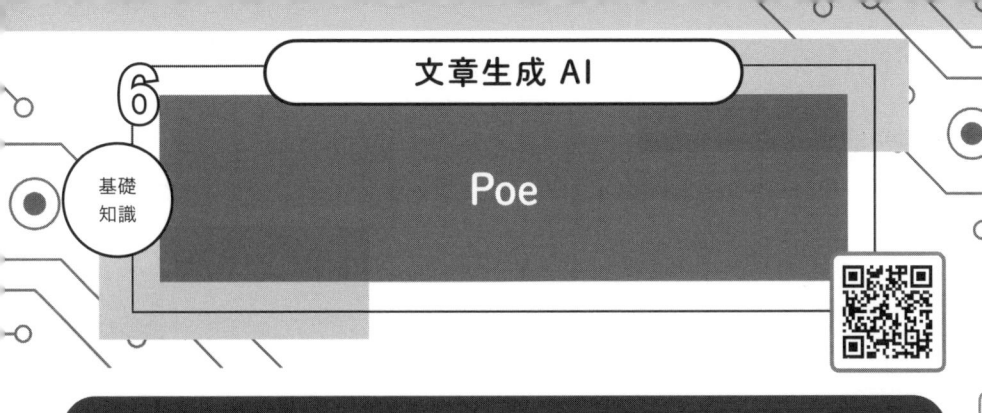

6 文章生成 AI

基礎知識

Poe

生成 AI のプラットフォーム

　Poe は，多様な生成 AI を 1 か所で使うことができる生成 AI のプラットフォームです。OpenAI が提供する ChatGPT や Anthropic が開発した Claude シリーズ，Google の Gemini などの主要な文章生成 AI にアクセスすることができます。これらは学習，翻訳，プログラミング，要約，エンターテインメントなど様々な用途に使用できます。各 AI には独自の個性があるため，用途によって使い分けをしましょう。

　Poe は，様々な AI をまとめて使用したいときや，自分に合った生成 AI を見つけたいときに便利なツールです。

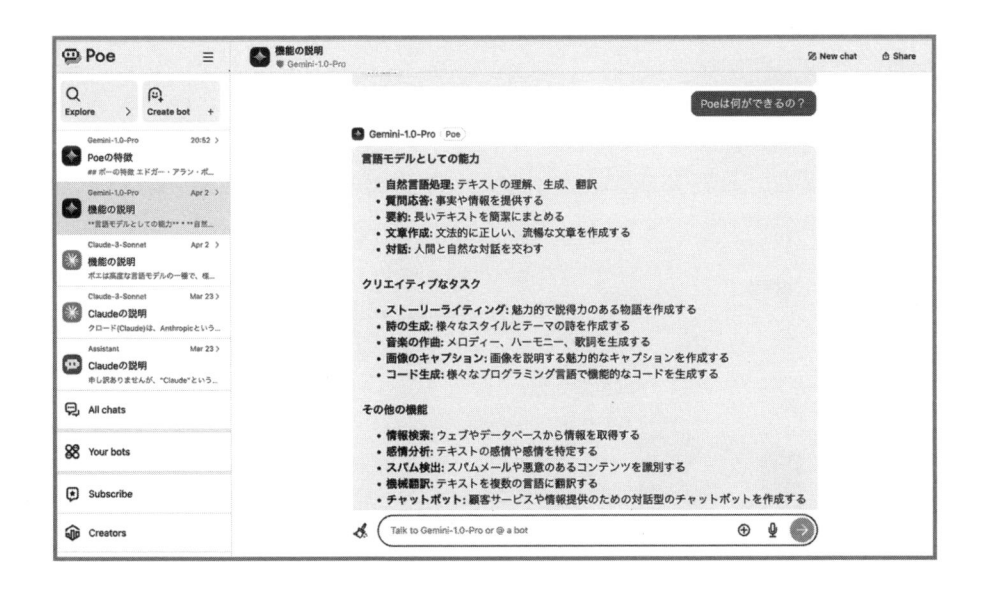

Goodnotes AI

手書きメモのデジタル化

Goodnotes には，手書きメモのデジタル化に特化した革新的な AI 技術が搭載されています。様々な筆跡や書体を識別できる高度なテキスト認識機能があり，これにより，手書きのメモを正確にデジタル化できます。その他，AI によって手書き文章をアシストしてくれたり，文章生成や要約，加筆，語調を変更できたりするなど，様々な機能が備わっています。

Goodnotes に搭載されている AI を活用すると，先生も子どもたちも，学習資料の整理，共有，さらなる分析が簡単にできるようになります。

Goodnotes AIの使い方

デジタルノート内にAI機能が搭載

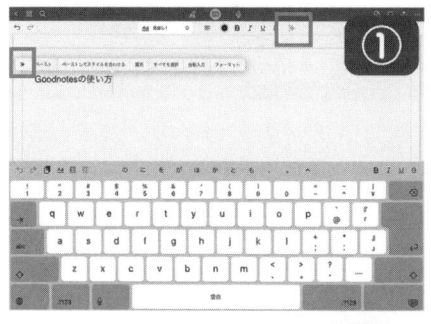

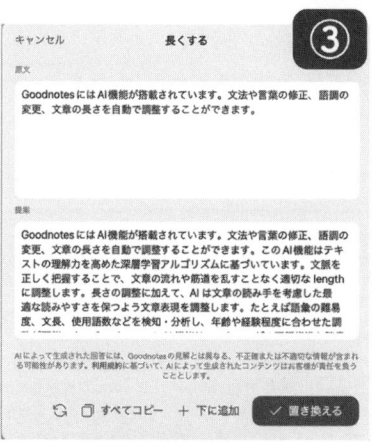

POINT

Goodnotes内で書いた文章について、AIによる語調の変更や内容の要約などができます。他にも手書きの文字をAIがテキスト形式に変換する機能もあります。

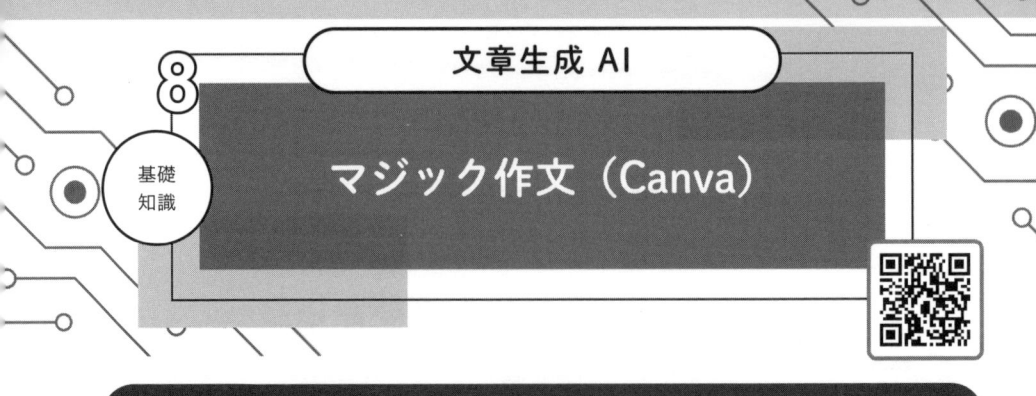

マジック作文（Canva）

基礎知識

魅力的な文章を自動生成

　Canva には様々な AI 機能が備わっています。その中の「マジック作文」の機能は，教育現場での文章作成を効率的かつ創造的に行うための画期的なツールです。この機能は，ユーザーが入力した短いプロンプトから，瞬時に多様な文章内容を生成します。特に，先生などの学校関係者にとっては，日々の業務における時間の節約はもちろん，質の高い教材作成や校内文書の準備をサポートする強力なアシスタントとなります。

　書く前のアイデア出しから洗練された文章生成まで，数クリックで素早く形にできます。時間を要する文章作成のプロセスが大幅に短縮され，他の重要な教育活動により多くの時間を割くことが可能になります。

どこからでもいいから始めよう

← canva AI 魅力 　　　　　　　　　　　　　　　　　　　　　×

Canva AIは、デザインの世界に革命をもたらしているツールの一つです。その魅力の一つは、誰でも簡単にプロフェッショナルなデザインを作成できる点にあります。従来のデザインソフトウェアは使いこなすのが難しく、専門知識が必要でしたが、Canva AIは直感的なインターフェースと豊富なテンプレートを提供しており、初心者でも高品質なデザインを作成することが可能です。さらに、AIが自動でデザインの提案を行うため、時間と労力を大幅に節約することができます。

また、Canva AIは多機能である点でも魅力的です。プレゼンテーション、ポスター、SNS用の画像、名刺など、さまざまな用途に対応したデザインを作成することができます。さらに、AIが提供するデザイン提案は、ユーザーの好みや目的に合わせてカスタマイズ可能です。これにより、個人のブランディングやビジネスのニーズにぴったり合ったデザインを手軽に作成することができます。

最後に、Canva AIはコラボレーション機能も充実しています。チームメンバーとリアルタイムでデザインを共有し、共同で編集することが可能です。これにより、リモートワークや異なる場所にいるチームメンバーとのコラボレーションもスムーズに行えます。総じて、Canva AIはデザイン作業を効率化し、誰でも簡単に高品質なデザインを実現できる魅力的なツールです。

Canvaのマジック作文の使い方

CanvaにもAI機能が搭載

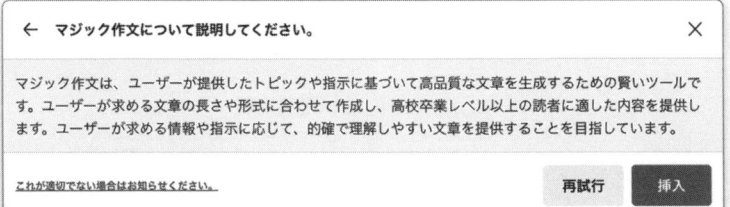

POINT

Canva内のAI「マジック作文」では、5つ以上の単語から文章を自動でAIが考えます。子どもたちに作文を書かせる際のお手本やヒントとして活用できます。

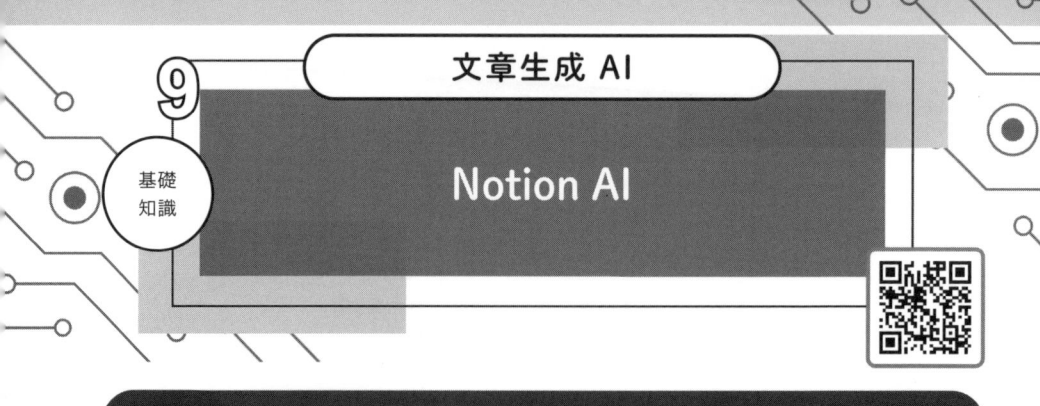

文章生成 AI

Notion AI

基礎知識

情報整理をスマートに

　Notionとは情報整理や共有，タスク管理，スケジュール管理など，様々な用途で使える万能ツールです。「オールインワンワークスペース」とも呼ばれており，仕事で必要な情報やツールをNotionに集約できます。Notionだけでほとんどの作業を完結できることから，人気のツールです。また，マルチデバイスに対応しているため，パソコン，タブレット，スマートフォンなど様々な端末からアクセスすることができます。

　NotionにもAI機能が搭載されており，文章の生成や要約を行うことが可能です。例えば，研修のメモから要約を生成，アイデアから詳細な記事を生成するなど，文章の作成がサポートされ，先生の仕事時間を節約できます。

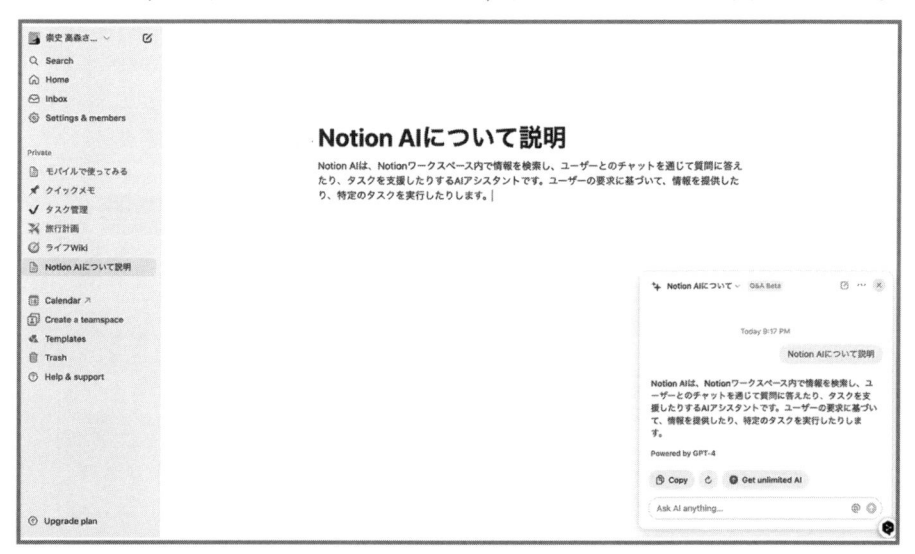

Notion AIの使い方

アプリ版　　　　ウェブサイト版

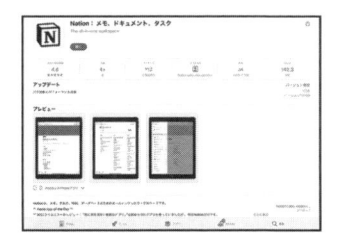 

使い方：書きたい内容を入力するだけ

Notion AIについて説明

Notion AIは、ユーザーの指示に応じてNotionドキュメントにテキストを挿入するための人工知能です。ユーザーが指示を与えると、Notion AIはその指示に従ってテキストを生成し、特定の位置に挿入します。これにより、ユーザーは自分の思考を直接文章にするのではなく、指示を与えるだけでドキュメントを作成することが可能になります。Notion AIは時間を節約し、効率的な作業をサポートします。

✦ 次に何をするのかAIに伝えます...

⚠ AIの出力は正確性に欠けたり、誤解を招いたりする場合があります。　詳しくはこちら　　👍 👎

√ 完了
∠ 続きを書く
≡ 長くする

☆ お気に入りに追加
↻ やり直す
✕ 閉じる　　　　　　　Escape

POINT ≫≫

Notion AIは、ユーザーの指示に応じてNotionドキュメントにテキストを生成します。自分で文章を作成するだけでなく、AIに手伝ってもらうことが可能になります。

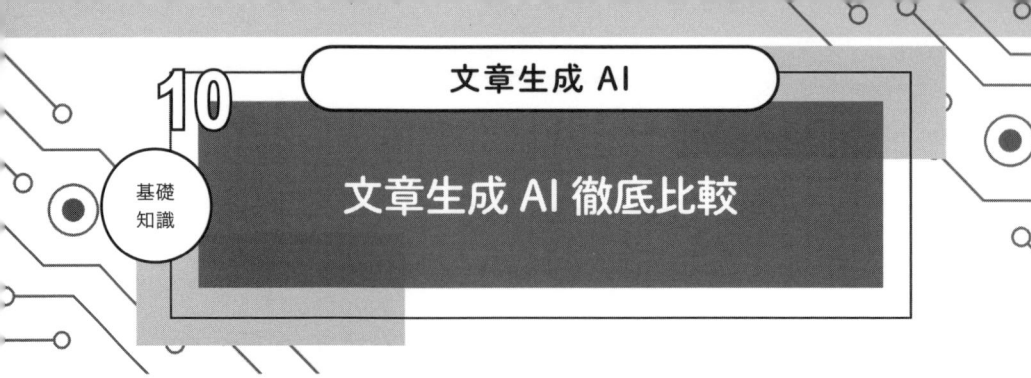

10 文章生成 AI

基礎知識

文章生成 AI 徹底比較

あなたに最適な AI を見つけよう

　ここまでに紹介してきた通り，ChatGPT，Copilot，Gemini，Claude など，近年注目を集めている AI は多数あります。それぞれ回答の仕方や得意分野が異なり，それぞれの強みをもっています。「相談したい」と思う相手のタイプが人によって異なるように，AI も人によって好みが分かれるでしょう。

■物語文（小学３年生国語「モチモチの木」）の要約で比較

 ChatGPT

豆太は非常に臆病な5歳の少年で、夜になると怖くて一人では外にあるせっちんへ行けません。彼が怖がるのは、家の前に立つ大きなモチモチの木が夜になるとお化けのように見えるからです。しかし、豆太はある夜、痛みで苦しむ祖父のために一人で村まで医者を呼びに行く勇気を見せます。その途中で、豆太は雪の中でモチモチの木に灯りがともっているのを見て、山の神様の祭りを目撃します。祖父は回復後、豆太に彼が見たものは山の神様の祭りであり、彼が非常に勇敢な子どもであることを認めます。祖父は豆太に、やさしさを持っていれば人は必要なことを成し遂げることができると教えます。しかし、豆太は祖父が回復しても夜になると依然として祖父について行ってもらわなければならないほど怖がりであることに変わりはありませんでした。

Copilot

もちろんです。以下は、要約された内容です：

1. 豆太はおくびょうな性格で、夜中にせっちんに行くことができるようになった。

2. **モチモチの木**は豆太が名付けた大きな木で、秋には美味しい実を落とす。

3. 今夜はモチモチの木に灯りが灯る祭りがあり、勇気のある子どもだけが見ることができる。

4. 豆太はじさまに呼ばれて目を覚ますが、じさまはいない。医者を呼ぶために走り出す。

豆太の冒険が続くようですね。勇気を持って、医者様に向かってください。

AIを比べてみた

Gemini Advanced

あらすじ

- 豆太は臆病な五歳の男の子。夜中にトイレに行くにも、祖父に付き添ってもらわないと行けない。
- 豆太の家の前にある大きなトチの木は、夜になると豆太にとって恐ろしい存在になる。
- ある夜、祖父が腹痛で苦しみ出す。豆太は一人で真夜中の峠道を走り、医者様を呼びに行く。
- 祖父は医者様のおかげで助かり、豆太は勇気ある行動を褒められる。
- その夜、豆太は山の神様の祭りとして、モチモチの木に灯がともるという「山の神様のお祭り」を目撃する。
- 豆太は自分が臆病ではないことを自覚し、自信を持つようになる。

ポイント

- 豆太が勇気を出して医者様を呼びに行ったことが、物語の転機となる。
- モチモチの木は、豆太の心象風景を表している。
- 祖父は、豆太を温かく見守り、勇気づける存在として描かれている。
- この物語は、勇気と優しさの大切さを教えてくれる。

Claude

これは豆太というおくびょう少年と、じさまとの心温まるエピソードのようです。要約すると：

豆太は夜にモチモチの木の下を通るのが怖くてしょうがなかった。しかしある夜、モチモチの木に不思議な灯りがともったと聞き、好奇心から見に行こうか迷った末、結局は怖くて見られずにいた。

その後、深夜にじさまが腹痛で苦しむ様子を見て、勇気を振り絞り、手伝いを呼びに行った。外は雪が降り寒く危険だったが、じさまのためなら行ける勇気があった。

帰りにモチモチの木の不思議な光を見たが、医者に月明かりと雪の光だと説明された。

翌朝、じさまは腹痛が治り、豆太が勇気を見せたことを誉めた。豆太は自分でも気付かずに、心の中に勇気があったことに気づいた。その後も、夜にじさまを起こすことはできるようになった。

おくびょうな少年が、大切な人のためなら勇気を振り絞る様子が描かれた心温まるお話です。

POINT ▶▶▶

小学３年生国語「モチモチの木」を４つのAIに要約させてみました。CopilotとGeminiは箇条書き、ChatGPTとClaudeは短い文章にまとめました。それぞれへの指示の出し方は同じです。

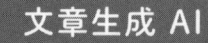

文章生成 AI

会議の資料や企画書を作成する

書類作成にかかる時間を大幅カット

　文章生成 AI を利用して会議の資料や企画書を作成することで，教育現場において革命的な業務効率化に繋がります。この技術を活用することで，先生が書類作成に費やしている時間を大幅に削減し，より創造的かつ教育的な活動に集中できるようになります。

　AI は指示にもとづいて文章を生成するため，特定のニーズやスタイルに合わせた資料生成が可能です。文法や誤字のチェックだけでなく，文章の流れや一貫性の改善提案も行えます。資料の大枠がほしい場合は，プロンプトを簡単に伝えるだけで生成することができます。細かいところまで生成させたい場合は，プロンプトの情報量を増やします。例えば，遠足の計画書をAI に書かせると，下の画像のようになります。

 You　あなたは小学校の教師です。総合グラウンドに遠足に行きます。遠足に行くための計画案を作成してください。

■ChatGPTの回答
　1. 遠足の目的
- 自然との触れ合いを通じて、生徒たちの健康と体力を促進する。
- 社会性と協力する心を育む。
- 学校外の活動を通して学習の幅を広げる。

　2. 日程
- 日付：（具体的な日付を設定）
- 時間：出発 8:30 AM、帰校 3:00 PM

　3. 持ち物
- 弁当、水筒、おやつ
- 帽子、敷物
- 救急セット（教師が準備）
- 学校指定のTシャツ、運動靴

論理的思考力を育む

　文章生成 AI を討論の相手として利用することは，教育現場における論理的思考力を育むための革新的な手法です。このアプローチでは，まず AI に様々な立場や視点から意見を提示させ，子どもたちに対して反論や追加質問を促します。この活動を通じて，子どもたちは自らの考えを深め，複雑な問題に対する理解を深めることができます。AI は幅広い知識をベースにして情報を引き出すことができるため，１つのテーマに対して多角的な視点を提供してくれます。

　討論のテーマも AI に指示することで，アイデア出しが可能です。討論テーマで悩むこともなくなります。

 You　小学生相手に討論してください。テーマは「オンライン授業と対面授業はどちらがいいか」です。オンライン授業の立場で意見を主張してください。

■ChatGPTの回答

オンライン授業を支持する立場から意見を述べさせていただきます。

まず、オンライン授業の最大の利点は、場所を選ばないことです。学校に行く時間が不要になるため、その分、もっと勉強したり、趣味に時間を使ったりすることができます。たとえば、通学に1時間かかる人がいたら、オンライン授業にすることで1日に2時間もの時間を節約できるんですよ。

次に、個々の学習スタイルに合わせやすいという点があります。オンライン授業では、自分のペースで勉強を進められるため、理解するのに時間がかかる部分はゆっくりと、得意な部分はさっと進めることができます。これにより、自分に合った最適な学習方法を見つけることができるのです。

作文や手紙の
お手本を作成する

作業の見通しをもつことができる

　AI で作文や手紙のお手本を生成することで，子どもたちに学習の見通しをもたせることができます。この技術を取り入れると，先生は子どもたちに対して，具体的かつ多様な書き方の指導を効率的に行うことができ，子どもたち自身も書くことの楽しさや表現の豊かさを深く理解することが可能になります。AI は幅広いスタイルや文体での書き方を示すことができるため，子どもたちが様々な表現方法を学ぶことに繋がります。さらに，作成した文章に対して AI が即座にフィードバックするため，子どもたちの書き手としてのスキルを向上させることもできます。

　ただし，安易にお手本を示すことで，子どもたちの創造性を育むことを阻害してしまう可能性もあるので，注意が必要です。

You　あなたは小学生です。将来の夢について作文を書いてください。丁寧な言葉遣いで書いてください。

■ChatGPTの回答

題名：将来の夢

私は、将来の夢について考えるとき、心がワクワクしてきます。私の夢は、人々の健康を守ることができる医者になることです。この夢には、私の家族の影響が大きいです。私の家族には医療に関わる人がいて、彼らの話を聞くたびに、私も人々を助ける仕事をしたいと強く感じるようになりました。

私が医者になりたいと思う理由は、人々の笑顔を守りたいからです。病気で苦しむ人が元気になって、再び笑顔で日常生活を送れるようになることを手助けしたいと心から願っています。また、医者になれば、世界のどこかで困っている人たちにも手を差し伸べることができると思います。それができることは、とても素晴らしいことだと感じています。

しかし、医者になるためには、長い勉強と厳しい試験が待っています。医学の知識はもちろん、人としての温かさや思いやりも大切にしなければなりません。そのために、今から学校の勉強に一生懸命取り組み、人の役に立つための心を育てていきたいと思っています。

AIが生成した作文のお手本

Gemini Advanced

 あなたは小学校の教師です。小学生向けに作文のお手本を生成してください。テーマは将来の夢です。丁寧な言葉で書いてください。

回答案を非表示 ∧ 🔊

回答案1	回答案2	回答案3
将来の夢	**将来の夢**	**将来の夢**
将来、何になりたいですか？	将来、どんな大人になりたいですか？	将来の夢は、人によって様々です。医者、弁護士、

◆ 将来の夢

将来の夢は、人によって様々です。医者、弁護士、警察官、消防士、先生、アイドル、スポーツ選手、宇宙飛行士など、たくさんの夢があります。

1. 夢を持つことの大切さ

将来の夢を持つことは、とても大切です。夢を持つことで、目標に向かって努力することができます。目標があれば、毎日が充実したものになります。

2. 私の将来の夢

私の将来の夢は、先生になることです。先生は、子供たちに知識や技能を教えて、成長を助ける仕事です。子供たちが新しいことを学んだり、問題を解決したりできたと

Claude

 あなたは小学校の教師です。小学生向けに作文のお手本を生成してください。テーマは将来の夢です。丁寧な言葉で書いてください。

回答案を表示

はい、わかりました。小学生向けの作文のお手本を生成します。テーマは「将来の夢」です。

私の将来の夢

こんにちは、みなさん。私は、将来の夢について書きたいと思います。

私の夢は、動物の医者になることです。動物が大好きで、動物たちを助けられる職業に就きたいからです。

動物の医者になると、病気や怪我をした動物たちの世話ができます。優しく愛情を持って、一生懸命治療に当たります。動物たちが元気になり、にっこり笑顔を見せてくれると、私も嬉しくなります。

また、動物の健康チェックも行います。ワクチンを接種したり、栄養のことを詳しく教えたりして、病気にかからないよう予防することも大切な仕事です。

動物の医者は、専門的な知識が必要な難しい仕事です。でも、頑張ってしっかりと勉強すれば、夢を叶えられると思います。

夢に向かって一生懸命頑張りたいと思います。動物のことを深く学び、優しい心を持ち続け

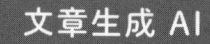

4 文章生成 AI

活用
アイデア

文章の添削を依頼する

質の高い文章にブラッシュアップできる

　文章生成 AI を活用して文章の添削をさせることは，質の高い文章作成への近道です。この技術は，文法やスペルのチェックだけでなく，文章の流れ，一貫性，そして多様な文章スタイルの獲得にも役立ちます。AI が論理的な流れや一貫性が欠けている部分を指摘し，読み手にとってより理解しやすい構造への修正を提案します。

　先生が作成する教材，通信，報告書なども AI 添削を利用することで，より文章の質を高めることが可能です。

 You
次の文章の誤字脱字や表現の誤りを添削してください。添削した箇所を教えてください。

水道センターのみなさんへ
先日、学校のみんなと一緒に水道センターに見学に行った伊藤しんじです。この手紙を書いているのは、なぜかというと見学したお礼を言いたいからです。

水道センターの見学はとてもたのしくて、勉強になりました。水がどのようにきれいにして、私たちの家まで来るのかを学ぶことができました。特に、大きな機械がたくさんあって、その機械たちが一生けんめいに働いているところを見ることができて、感動しました。

見学のときに、水道センターの人がいろいろなことをいろいろとやさしく教えてくれたおかげで、水が大切だということがよくわかりました。

あと、水道水の味見もさせてもらって、とてもおいしかったです。家に帰ってからも水道水をもっとたくさん飲みたいと思いました。

水道センターのみなさん、わざわざ時間をとって、私たちにいろいろ教えてくれてありがとうございます。これからも、水を大切にしていくことを忘れずに、毎日をすごしていきたいと思います。

ＡＩで文章の添削結果

ChatGPT

文章の添削箇所は以下の通りです。

1. 「なぜかというと」を「見学のお礼を言いたいからです」とすることで、より明確に伝えられます。
2. 「水がどのようにきれいにして」を「水がどのようにきれいにされて」に修正して、文章をより自然な日本語にします。
3. 「その機械たちが」は冗長な表現なので、「それらが」に修正して文章をスムーズにします。
4. 「いろいろなことをいろいろと」の重複を取り除き、「さまざまなことを丁寧に」に修正して、表現を改善します。
5. 「わざわざ時間をとって、私たちにいろいろ教えてくれてありがとうございます」を「貴重なお時間を割いて私たちに多くのことを教えてくださり、本当にありがとうございました」と修正して、より丁寧な表現にします。
6. 「毎日をすごしていきたい」とありますが、この文脈では「日々を大切に過ごしていきたい」とすると、意図がより明確に伝わります。

添削後の文章は以下のようになります。

水道センターのみなさんへ

先日、学校のみんなと一緒に水道センターに見学に行った伊藤しんじです。この手紙を書いているのは、見学のお礼を申し上げたいからです。

水道センターの見学は、とても楽しく、大変勉強になりました。水がどのようにきれいにされて私たちの家まで届くのかを学ぶことができ、非常に興味深かったです。特に、大きな機械が数多くあり、それらが一生懸命に働いている様子を目の当たりにできたことに感動しました。

見学中、水道センターの皆様が丁寧にさまざまなことを教えてくださいました。おかげさまで、水がいかに貴重で大切なものであるかが深く理解できました。

また、水道水の試飲もさせていただき、非常においしかったです。帰宅してからは、水道水をより多く飲むようになりました。

水道センターの皆様、貴重なお時間を割いて私たちに多くのことを教えてくださり、本当にありがとうございました。これからも水を大切にし、日々を大切に過ごしていきたいと思います。

5 文章生成 AI

活用
アイデア

英会話の相手をさせる

実践的な英語学習をサポート

ChatGPT アプリを英会話の練習相手として活用することは，実践的な英語学習をするための有効な手段です。テキストベースのやり取りだけでなく，音声認識技術と組み合わせることで，よりリアルな会話練習が可能です。この方法では，学習者が日常会話から専門的なフレーズまで，幅広いシナリオにおける実践的な英語力を身につけることができます。

対人のコミュニケーションと異なる点は，間違いを恐れることなく，自分のペースで学習を進められる点です。また，AI からのフィードバックを受け取ることもできます。学習者の興味や必要に応じて，様々なトピックや会話シナリオを設定することも可能ですので，目的に合わせた学習が行えます。

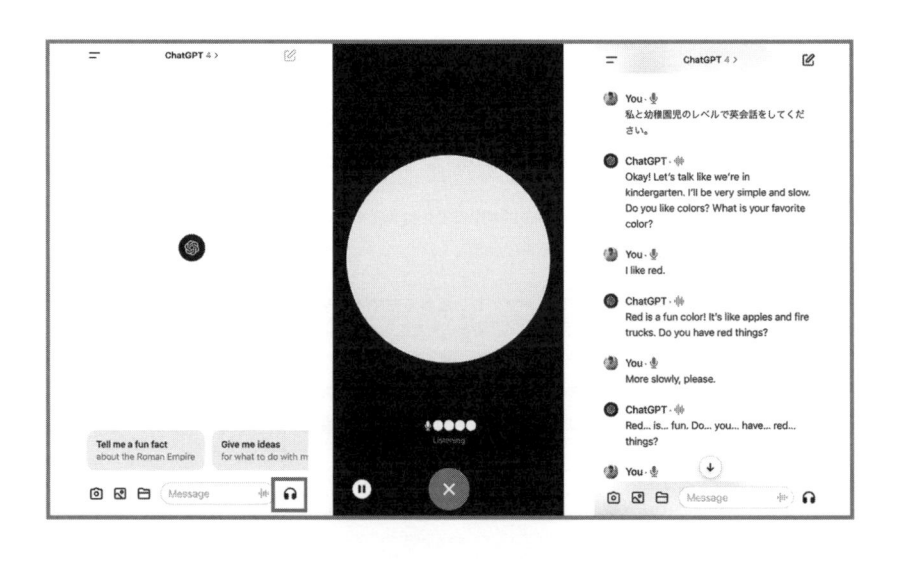

6 練習問題やテスト問題を作成する

活用
アイデア

子どもたちの実態に応じてカスタマイズ

　文章生成 AI を利用して練習問題やテスト問題を生成することは，個別最適化された学びを実現するための有効な手段です。この技術を活用することで，子どもたちの能力や理解度に応じてカスタマイズされた問題を提供することが可能になります。これにより，子どもたち一人ひとりのニーズに合わせた指導が行えるようになり，より効率的で効果的な学習を提供できます。

　また，選択問題，記述問題，計算問題など，多様なタイプの問題を生成することも可能です。子どもたちは様々な形式の問題に慣れ，それらに対応する力を身につけることができるでしょう。

Gemini Advanced ▾

 あなたは小学校教師です。次の物語文から問題と解答を作ってください。（ごんぎつね本文貼り付け）

問題1
兵十はなぜごんを撃ったのか？
　1.ごんをうなぎを盗んだ狐だと勘違いした
　2.ごんがいたずらをして困っていた
　3.ごんが家の中にいたずらをしに来たと思った
　4.ごんが気味悪かった
問題2
ごんはなぜ撃たれてもなお、兵十に感謝の気持ちを伝えようとしたのか？
　1.兵十に自分の気持ちを理解してもらいたかった
　2.兵十に許してもらいたかった
　3.天国に行きたいと思った
　4.自分が死んだことを知らせたかった

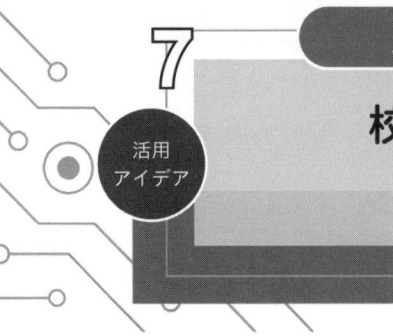

7

校外学習の行程を
作成する

安全で効率的な計画をつくる

　安全かつ効率的な校外学習の計画作成のために，Gemini を活用することで，先生は校外学習に必要な諸計画を迅速に作成することができます。

　AI は，目的地の選定から交通手段，活動スケジュール，安全対策に至るまで，校外学習に関連するあらゆる側面を考慮した提案を行います。手作業だけで行程を計画する時間を大幅に短縮でき，先生が他の重要な教育活動に集中できるようになります。その他，見積もり時間，予算計画，訪問先での活動案など，校外学習に関連するあらゆる情報を一元的に提供します。ただし，AI は間違えることがあるので，自分自身でも必ず確認を取りましょう。

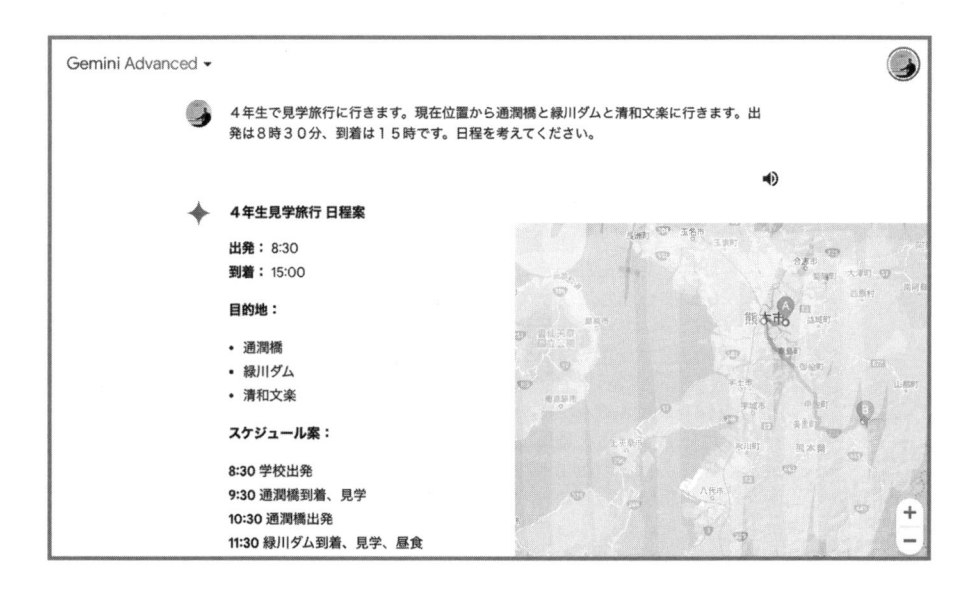

⑧ 文章生成 AI

<活用アイデア>

運動会種目名の
キャッチコピーを作成する

ユニークなキャッチコピーづくり

　文章生成 AI を活用して運動会の種目名にユニークなキャッチコピーを付けることで，子どもや保護者の興味を惹き，イベントへの期待感を高めることができます。AI には無限の創造性があり，従来の枠を超えたユニークなキャッチコピーが生成されます。創造的かつ魅力的なキャッチコピーを生成してくれるので，運動会はさらに楽しく盛り上がるものになるでしょう。

　運動会の他にも，学級通信や学年通信のタイトルなども AI に相談することで，様々なアイデアを手に入れることができます。

TT 小学校の運動会５０m走のユニークな競技名を考えてください。

はい、楽しい競技名を考えてみましょう。

- とぶ飛ぶ疾風競走(そよかぜきょうそう)
- レーシングランナーズ
- スピードチャレンジ
- 風になれ!
- 疾風迅雷ダッシュ

活用アイデア

文章生成 AI

アンケート内容を分析する

データにもとづいて意思決定する

　文章生成 AI を利用してアンケート内容を分析することは，データにもとづいた意思決定を行う上で非常に有効な手段です。この技術を活用することで，大量のアンケート内容から有益な情報を抽出し，分析するプロセスを自動化及び高速化することが可能になります。

　AI を利用することで，手作業でのテキスト分析に比べて大幅に時間が削減できます。また，AI による分析は一貫性があり，人の意思が介入する余地がないため，より客観的な分析結果を得ることができます。子どもたちが回答したアンケートを分析して，学校生活の質の向上に繋げていきましょう。

 You　次のアンケートの回答を分析してください。
（アンケート内容貼り付け）

ChatGPT 4 ∨

Response 1

このアンケートの回答から，小学生のタブレット端末利用に関して保護者が抱える見解や懸念を深く理解することができます。以下の点でまとめられます：

タブレットの利点：

- **学習への興味喚起**: タブレットを使うことで，読書や学習ゲームを通じて学習に対する興味やモチベーションが高まっている（保護者A, B, F）。
- **教育リソースへのアクセス**: 教育に役立つアプリやオンライン授業のサポート，プログラミング学習など，多様な教育コンテンツへのアクセスが容易になっている（保護者C, D, H）。
- **情報の取得**: 世界のニュースに触れることで，子どもの興味の範囲が広がり，グローバルな視野を養うことができる（保護者I）。
- **将来への準備**: タブレットの活用を通じて，テクノロジーを使いこなすスキルや論理的思考力を身につけ，将来に向けた準備ができていると感じる（保護者E, H）。

Response 2

このアンケートの回答からは，タブレット端末の利用に対する保護者の見解に多様性があることが明らかになります。それぞれの回答を分析し，主な観点をまとめます。

教育への利用価値

- **肯定的な意見**: 多くの保護者は，タブレットが教育に役立っていると感じています（A, B, D, F, H）。タブレットを使うことで，子どもたちが楽しみながら学習している様子や，読書の楽しさを発見し，数学のスキルが向上し，プログラミングを学び，論理的思考力を養うなど，様々な教育的利点が挙げられています。
- **注意点**: 一方で，タブレットの使い方には注意が必要と指摘する声もあります（C）。教育に役立つ一方で，ゲームに夢中になるなどの懸念もあるため，バランスの取れた使用が必要とされています。

健康とバランス

10 文章生成 AI

活用アイデア

授業計画のアイデアを考えさせる

自分自身の創造性も刺激される

　文章生成 AI を活用して授業計画のアイデアを考えることは，学習の質を向上させるための有効な手段です。AI は，最新の教育トレンド，他教科との横断や統合，子どもたちの興味やニーズなどにもとづいたユニークな授業計画の提案をすることができます。この方法により，従来の枠を超えた教育活動を設計し，子どもたちの学習意欲と創造性を高めることが可能になります。

　幅広い知識ベースにもとづく AI のアイデアを，先生自身がアレンジして授業をつくることをおすすめします。

 You　あなたは教師です。次の物語文の内容から子どもたちが主体的で対話的になるような授業展開を考えてください。（ごんぎつね全文貼り付け）

■ChatGPTの回答

1. 物語の理解を深めるための前提活動
- 物語の背景説明: まず，新美南吉とはどのような作家で，『ごんぎつね』がどの時代に書かれたかを簡単に説明します。また，物語の舞台や時代背景についても触れます。
- キーワードの導入: 物語に出てくる言葉で子どもたちにとって馴染みの薄いもの（例：はりきり網，おはぐろ，六地蔵など）について，事前に意味や背景を説明します。

2. 物語の読み聞かせ
- 物語を段落ごとに読み進め，各段落の後で子どもたちに感じたことや疑問に思ったことを自由に発言させます。ここで大切なのは，全員が何かしら意見を言えるような安心感のある環境を作ることです。

3. グループディスカッション
- 登場人物への感情移入: 子どもたちを小グループに分け，それぞれにごん，兵十，村の人々の立場から物語を見たときの感情や思考を話し合わせます。
- 道徳的ジレンマの議論: ごんの行動（いたずらや，兵十へのくりや松たけの贈り物など）について，正しいのか，間違っているのか，どのような気持ちからそうした行動をとったのかを議論します。

4. クリエイティブな活動
- 物語の続きを想像する:「ごんが兵十に火縄銃で撃たれた後，どうなったと思う？」という問いかけをして，子どもたちに物語の続きをグループで考えさせ，発表させます。
- 登場人物からの手紙: ごんや兵十になりきって，もう一方の登場人物へ手紙を書く活動を行います。この活動を通じて，登場人物の感情や考えを深く理解することを目指します。

5. 全体での共有と反省
- 各グループでのディスカッションやクリエイティブな活動の成果を全体で共有します。
- 最後に，「この物語から学ぶことは何だったのか？」や「ごんや兵十の行動から自分たちの日常生活にどのように生かせるか？」について，全員で考えを共有します。

11

物語文や説明文を要約する

文章への理解度を向上させる

文章生成 AI を利用して物語文や説明文を要約することは，子どもたちの読解力と理解度の向上に非常に効果的です。この技術を活用することで，長い文章や複雑な内容を簡潔に理解し，重要なポイントを把握する能力を養うことができます。AI に重要な情報を抽出させ，簡潔な要約を生成させることで，子どもたちの読解プロセスをサポートし，学習効率を高めます。

下は，小学 3 年生国語「モチモチの木」を AI に要約させた画像です。例えば，子どもたち自身が書いた要約と比べたり，他の AI が要約した文章と比べたりするなど，様々な活用方法が考えられます。

 You　次の内容を要約してください。（モチモチの木全文貼り付け）

ChatGPT

豆太は非常に臆病な5歳の少年で，夜になると怖くて一人では外にあるせっちんへ行けません。彼が怖がるのは，家の前に立つ大きなモチモチの木が夜になるとお化けのように見えるからです。しかし，豆太はある夜，痛みで苦しむ祖父のために一人で村まで医者を呼びに行く勇気を見せます。その途中で，豆太は雪の中でモチモチの木に灯りがともっているのを見て，山の神様の祭りを目撃します。祖父は回復後，豆太に彼が見たものは山の神様の祭りであり，彼が非常に勇敢な子どもであることを認めます。祖父は豆太に，やさしさを持っていれば人は必要なことを成し遂げることができると教えます。しかし，豆太は祖父が回復しても夜になると依然として祖父について行ってもらわなければならないほど怖がりであることに変わりはありませんでした。

12

活用アイデア

文章生成 AI

物語文や説明文から発問案を生成させる

思考を促す発問を自由自在に作成

　物語文や説明文から発問を考えることは，深い学びを促進するための有効な手段です。ここでAIを活用することにより，読んだ内容を理解した上で，さらに深く掘り下げるための発問案が自動的に生成できます。

　先生がその発問をアレンジして活用することで，子どもたちはただ情報を受け取るだけでなく，批判的思考や分析力を身につけ，理解度を高めていくことができます。

　下は，物語文から深い思考を促すための発問や討論テーマをAIに考えさせた結果です。

 You　あなたは小学校の教師です。次の物語文から深い思考力が求められる発問や討論テーマを考えてください。（大造じいさんとガン全文貼り付け）

■ChatGPTの回答

1. 発問：大造じいさんの行動と残雪の行動を比較して、どちらがより賢いと思うか？また、その理由は？
- 目的：この質問は、物語における人間と動物の知恵や行動を比較し、どちらがより賢明であるか、またその基準は何かについて考えることを目指します。
2. 討論テーマ：人間と野生動物との関係について、この物語はどのようなメッセージを伝えているのか？
- 目的：このテーマは、物語を通じて、人間と野生動物との関係について考えさせ、相互理解や共存の重要性について議論する機会を提供します。
3. 発問：大造じいさんが最後に残雪を放した行為は、単にガンを自由にする行為以上の意味を持っていると思うか？
- 目的：この質問は、物語の終わりにおける行為が示す象徴性や、人間による自然への影響、そして敬意や罪悪感などの感情を探求します。
4. 討論テーマ：動物に対する人間の責任とは何か、この物語から学べることは？
- 目的：動物を利用する人間の責任について考えさせ、物語を通じて示された人間の行動や選択がもたらす結果について議論します。
5. 発問：残雪がハヤブサから仲間を守ろうとした行動について、どのように感じたか？
- 目的：この質問は、物語における勇気や犠牲、そしてリーダーシップに関連する行動を評価し、それに対する自身の価値観を考える機会を提供します。

画像生成 AI

1 基礎知識

DALL-E

驚異的な画像生成能力

DALL-E は，画像生成の分野において最先端の技術を代表する AI です。OpenAI によって開発された深層学習の AI モデルであり，テキストからデジタル画像を生成することができます。2022年4月には DALL-E 2 が発表され，2023年9月には DALL-E 3 が発表されています。

高品質な画像を生成する能力により，教育，アート，デザイン，エンターテインメントなど，多岐にわたる分野での応用が期待されています。なお，教育現場においては，教材作成やクリエイティブな学習活動の促進など，様々な場面での活用を期待されています。

DALL-E3

DALL-E 2

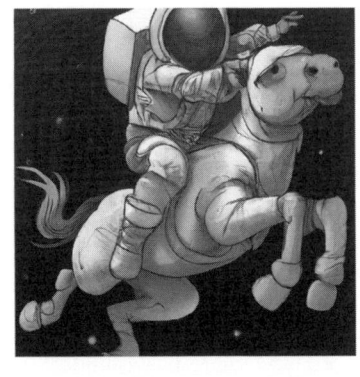

Canvaで使用できる「DALL-E」

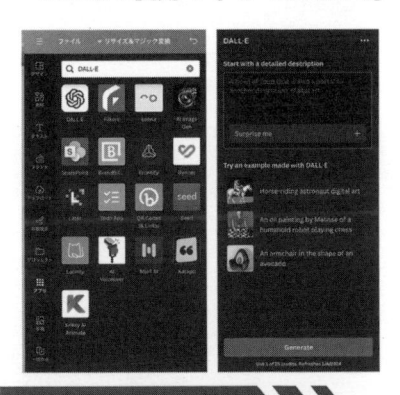

DALL-E 3

ChatGPT4やCopilotで
使用できる「DALL-E3」

サブスクリプションを
使用したくない場合
は、CanvaやCopilotな
どの無料の画像生成ツ
ールがおすすめ。

POINT　▶▶▶

Canvaなら無料でDALL-Eが使用できます。ChatGPT（有料版）
やCopilotのImage Creatorであれば最新のDALL-E3が使用でき
ます。

画像生成 AI

Midjourney

基礎知識

美しいイラストやアート作品を生成

　Midjourney は，コミュニケーションツールの Discord（日本でいう LINE のようなもの）で利用できる画像生成 AI です。コメントボックスにプロンプトを入力するだけで画像が生成されます。以前は無料で使用することができましたが，需要があり過ぎたために，現在は有料版のみに変更となりました。

　2023年12月より，Google Chrome などのインターネットブラウザ上で画像を生成できる Midjourney Alpha が登場しました。ただし，Midjourney Alpha を利用するには，一定数以上の画像を Midjourney で生成しなければならないという条件があります。

Midjourneyの使い方

①Midjourneyは、
Discordを通じて利用する。
まずはDiscordのアカウントを作成。

②Discordのアカウントの作成が完了したら、Discord
にアクセス。

③Midjourneyを利用するには、
Discordだけでなく、
Midjourney自体への登録も必要。

④Midjourneyにアクセスできたら右下の「Join the Beta」
をクリック。→「招待を受ける」をクリック。

POINT

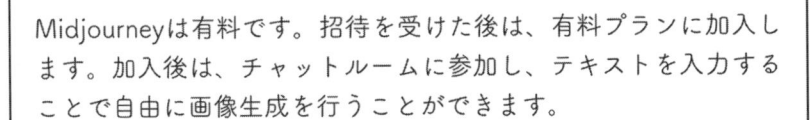

Midjourneyは有料です。招待を受けた後は、有料プランに加入します。加入後は、チャットルームに参加し、テキストを入力することで自由に画像生成を行うことができます。

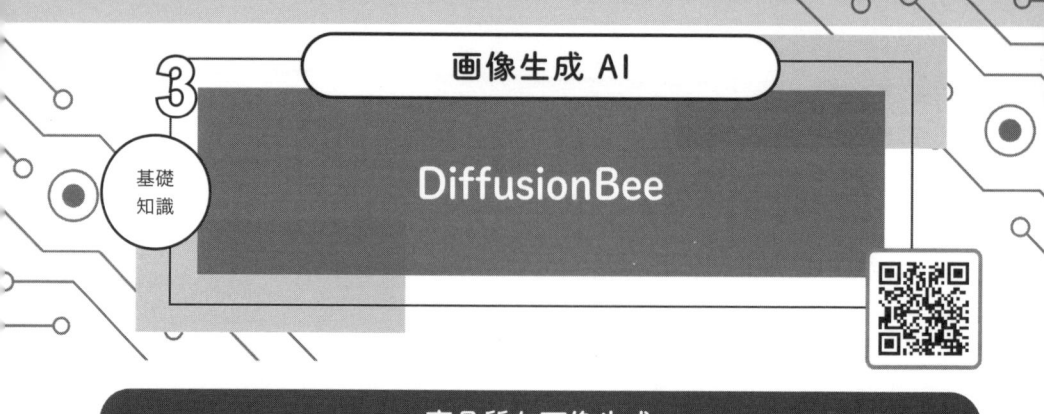

画像生成 AI

DiffusionBee

基礎知識

高品質な画像生成

　DiffusionBee は，デスクトップアプリケーションとして提供される最先端の AI 画像生成ツールです。このアプリケーションは，入力したテキストベースの説明文にもとづいて，高品質な画像を生成することができます。学校での活用方法としては，教材作成，子どもたちの係活動，授業での創造的な活動などがあるでしょう。

　DiffusionBee はインストールが簡単で，技術的な知識がなくても容易に画像を生成することができます。また，デバイス上で画像を生成するアプリケーションなので，インターネット接続を必要とせず，プライバシー保護の観点でも安心です。

DiffusionBeeの使い方

①データをダウンロード。（MacのM1/M2/M3及びその他の
AppleSiliconプロセッサなどに対応している）

AIを使用して素晴らしい
画像を作成する

DiffusionBee は、安定した拡散を使用してコンピューター上で
AI アートを生成する最も簡単な方法です。完全無料。
オフラインで実行します。無制限。

macOS 用のダウンロード

②英語で生成する内容を入力。

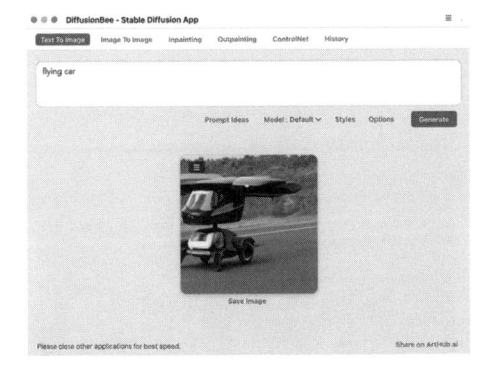

POINT ▶▶▶

日本語でも入力することができますが、指示した内容と違う画像を
生成することがあるため、日本語を英語に翻訳して入力する方が精
度が高くなります。オフラインで使用できることは利点です。

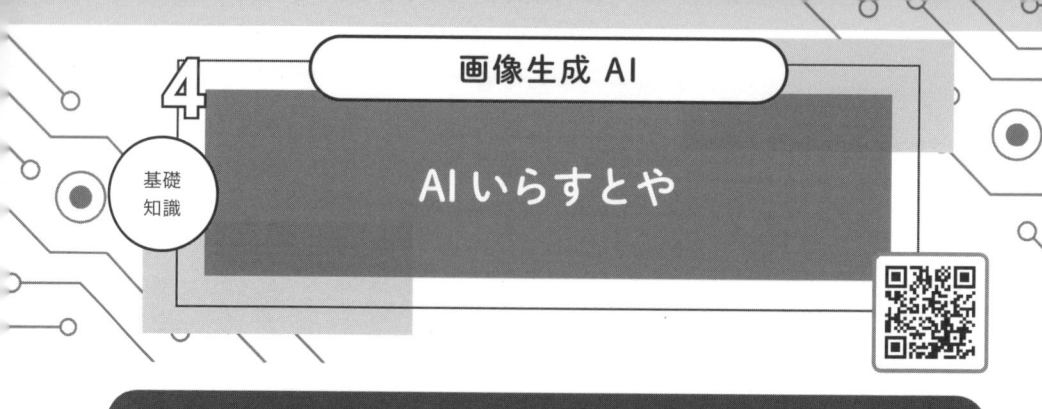

画像生成 AI

基礎
知識

AI いらすとや

無料でも使えるイラスト素材

　AI いらすとやは，様々なシーンで利用できる無料のイラスト素材を提供するウェブサイトです。AI 技術を活用して大量のイラストを生成し，誰でも自由に使用できるようになっています。学級通信のイラスト，プレゼンテーションの挿絵，ウェブサイトのデザインなど，多岐にわたる用途で活用できることから，非常に重宝されています。

　すべてのイラストは無料で提供されており，幅広い用途で利用可能です。有料版ではライセンスに関する心配も少なく，安心して使用できます。

5 画像生成 AI

基礎知識

AI 素材 .com

豊富な種類の画像素材

　AI 素材 .com は，AI 技術を用いて生成された豊富な種類の画像素材を提供する AI 画像素材サイトです。日本語のテキストをもとに，シチュエーションに合う画像を簡単に手に入れることができます。これにより，画像作成の手間が大幅に減り，オリジナル画像を短時間で作成できます。多くの画像が提供されており，無料でも「Image by AI 素材 .com」のクレジット表記を条件に使用できる点も魅力の 1 つです。

　有料の AI 素材 Pro プランは，素材のダウンロード数，AI での素材生成数が無制限（無料プランは20枚まで），クレジットの記載も必要ありません。

画像内の透かしは
ダウンロード時に消える

画像生成 AI

Adobe Firefly

基礎知識

神秘的なアイデアを創出

　Adobe Firefly は，AI を活用した革新的なグラフィックツールです。文章を入力したり，画像をアップロードしたりすることで写真やビジュアルから直接アイデアを生み出し，クリエイティブな作業が効率化されるように設計されています。

　つくり出した画像は，Firefly 上で自由に自身の好みに合わせて編集や微調整をすることができ，想像した絵やデザインなどのアイデアを簡単に形にできます。細かなところまでこだわったオリジナル作品の創出が可能です。

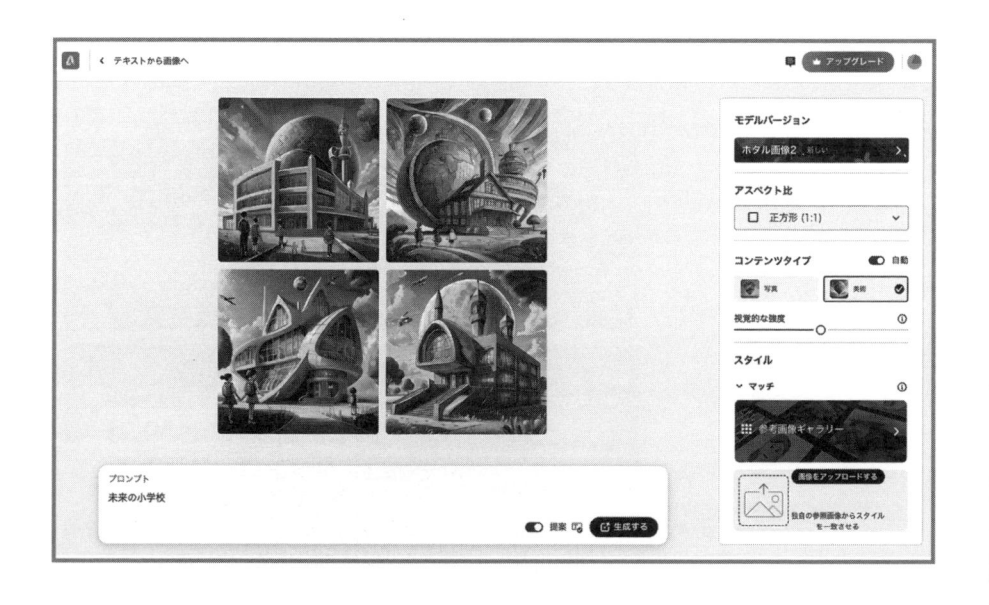

Adobe Fireflyの使い方

①サインアップする

②テキストを入力する

POINT

毎月のAI生成クレジットは無料で25回まで利用できます。クレジット数は、1か月待つかサブスクリプションに登録することで増やせます。

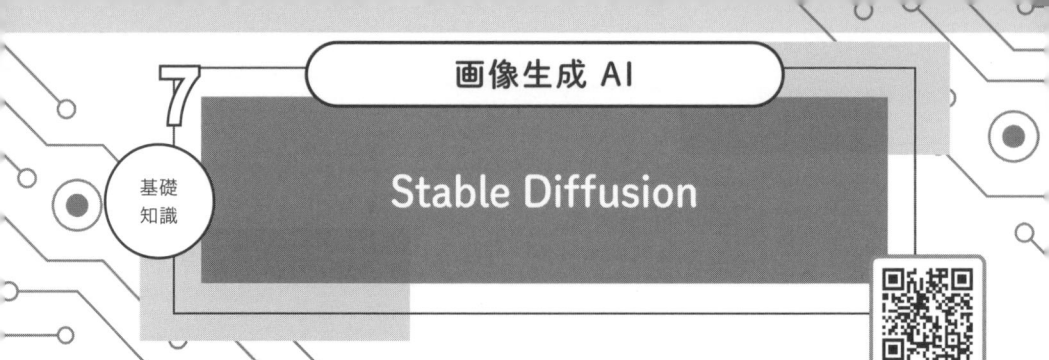

画像生成 AI

Stable Diffusion

基礎知識

7

リアルな画像生成

　Stable Diffusion は，テキストからリアルな画像を生成することができる画像生成 AI です。日本語や英語などの指示にもとづいて，様々なスタイルやテーマの画像をつくり出す能力があり，教育，アート，デザイン，マーケティングなど多岐にわたる分野での応用が期待されています。

　教育分野では，学習にかかわる資料の作成，クリエイティブな学習活動の促進，視覚的な教材の充実のための活用ができそうです。テキストベースで画像生成の指示ができるため，特別なデザインスキルを必要とせず，誰でも簡単に使用することができます。

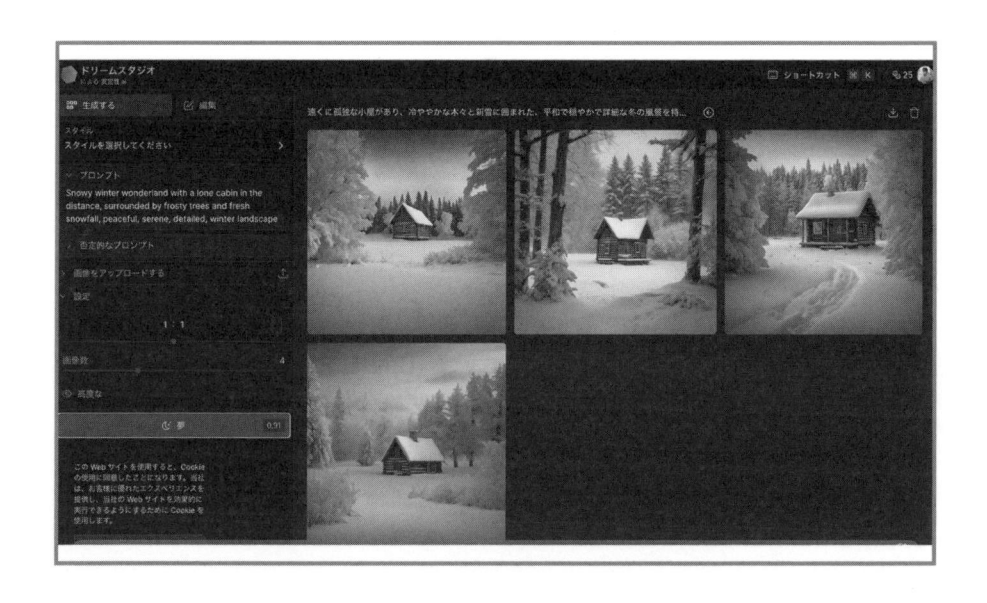

Stable Diffusionの使い方

■Stable Diffusionの使い方は2通りあります

- Hugging FaceやDreamStudioなどのウェブサイトを利用する。
- 自身が作成した環境にStable Diffusionをインストール。

■ブラウザで活用できる画像生成AIのサイトの例

Hugging Face

DreamStudio

Mage

POINT

画像生成AIは基本的に月ごとに枚数制限があります。複数のウェブサイトを活用することで、多くの画像生成を行うことができます。

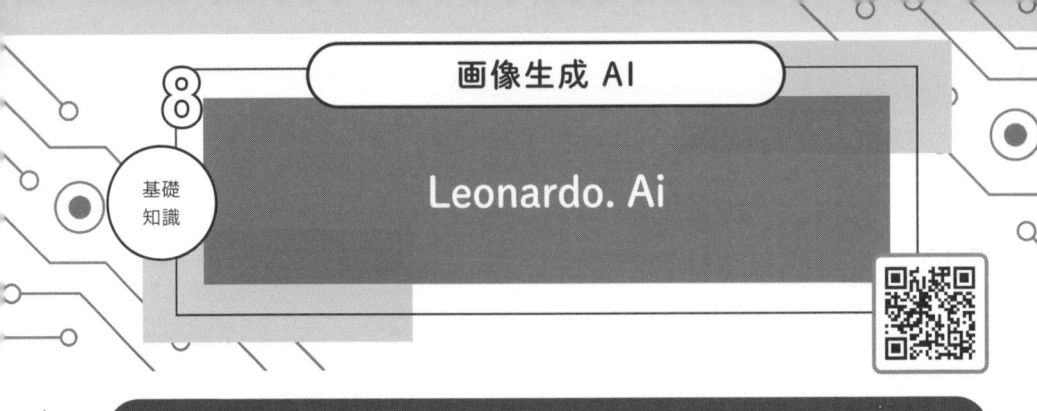

画像生成 AI

8 基礎知識

Leonardo. Ai

多彩な編集機能を備えるツール

Leonardo. Ai は，高度な AI 技術を活用した画像編集ツールで，自動的に画像の色調を最適化したり，不要な要素を削除したりする機能が備わっており，鮮明でクオリティの高い画像を生成できます。このツールは，プロフェッショナルな画像編集ができる一方で，直感的な操作が可能になっている点が魅力です。

デザインやマーケティングなど様々な分野で利用されており，教育分野では，授業で使用する資料の作成，子どもたちの活動のサポート，クリエイティブな表現活動の促進に貢献しています。

画像生成 AI

SeaArt

9 基礎知識

幻想的な絵画を生成

　SeaArt は単語や文章を入力することで，そのイメージに合致する写真やイラストを生成する AI です。有名な絵画・写真・イラストなどの素材データをデータベースに蓄積しています。SeaArt は日本語に対応しており，AI フィルターや背景除去，スマート消去，動画作成など幅広い機能が備わっています。毎日スタミナが付与され，なくなるまで画像生成を行うことが可能です。

　ちなみに，SeaArt は Stable Diffusion（P64）をベースにつくられたサービスです。

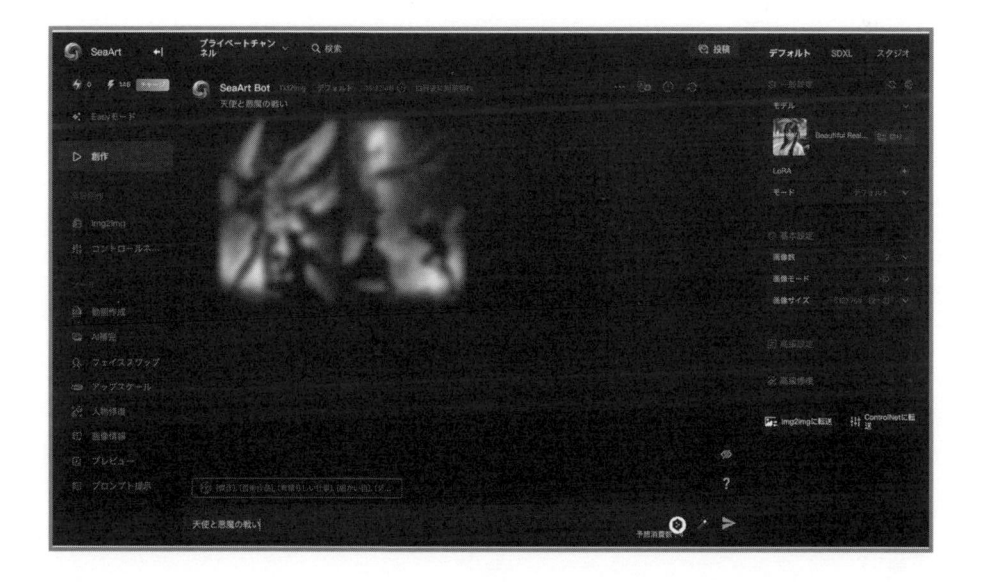

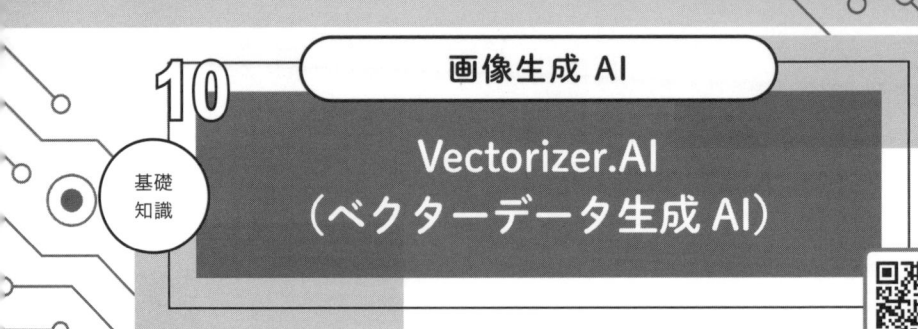

10 画像生成 AI

基礎知識

Vectorizer.AI（ベクターデータ生成 AI）

鮮明な画像に変換できる

Vectorizer.AI は，画像を高画質化する AI 技術にもとづいたツールです。画質が低下した低解像度の画像やピクセル化されたデータを AI で解析し，鮮明で高解像度の画像に変換できます。画像の細部までかなり精密に再現し，色彩やテクスチャを自然に修復することが可能です。JPEG，PNG，BMP など，様々な画像フォーマットに対応しており，教材作成やプレゼンテーション資料の作成に幅広く活用することができます。

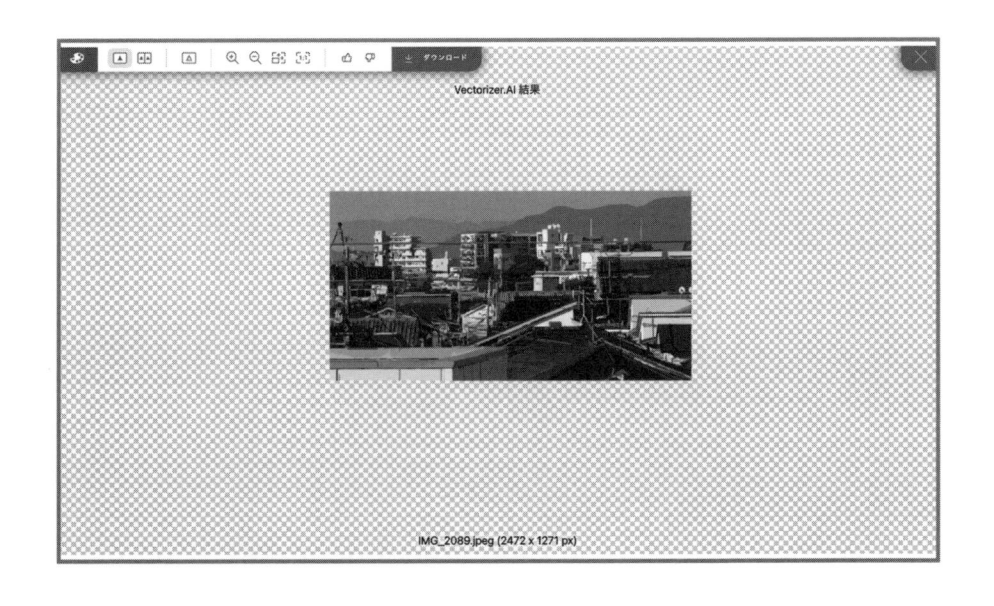

1

活用アイデア

画像生成 AI

抽象的な概念をイメージ化する

プレゼンテーション用の画像生成

　文字だけの情報より視覚的なイメージがあると理解しやすいことがあります。そこで，画像生成AIを用いて抽象的な概念をイメージ化し，プレゼンテーションに差し込みます。この方法により，複雑で抽象的なアイデアや理論を，視覚的にわかりやすい形で表現することが可能です。

　視覚的なイメージは人間の脳に直接訴えかけるため，プレゼンテーションや教材に画像を使用することで，聞き手の理解が深まり，記憶に残りやすくなります。AIの創造性には限界がありませんので，従来の方法では表現しにくかったアイデアも形にすることができます。

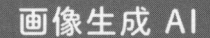
2

図工作品のお手本を作成する

図工が苦手な先生も取り組みやすい

　画像生成 AI を活用して図工作品のお手本を生成することで，子どもたちの創造性の育成と芸術的感受性の向上に役立ちます。先生にとっても，様々なスタイルやテーマにもとづいた芸術作品のお手本を瞬時につくり出すことができ，時短にも繋がります。

　AI によって生成された画像は，子どもたちが自らのアイデアを形にする際の出発点となり，芸術的表現の可能性を広げる補助となります。授業のテーマや目的に合わせたお手本を生成することが可能で，画力はプロンプトで調整することができます。「プロレベルで描いてください」「小学生レベルで描いてください」「シンプルに描いてください」のような指示を行うと，それにもとづいたレベルの画像が生成されます。

 You
　小学生が描く「まだ見ぬ世界」を生成してください。

3 画像生成 AI

教材の図解や
イメージ画像を作成する

子どもたちが思考するきっかけをつくる

　画像生成 AI を活用することで，先生はオーダーメイドの図解やイメージ画像を生成できるようになります。これを教材づくりに応用して資料を作成することで，子どもたちが考えを深めるきっかけにすることができます。

　下の画像は，画像生成 AI で縄文時代や弥生時代を生成したものです。短いプロンプトを入力すると，正確な画像になりません。しかし，わざと正確でない画像を授業で活用することもできます。教科書の画像と AI の画像を見比べ，どこが間違っているのかを考えさせます。この授業では，AI 及び歴史に対する理解度を高めることができます。

AIが間違えることを逆手に取り、どこがおかしいかを考えさせます。

縄文時代

弥生時代

4 問題文や解説文に
画像を挿入する

活用
アイデア

子どもたちの興味を刺激する

画像生成 AI を活用して問題文や解説文に画像を挿入することは，授業や問題の内容をより魅力的にし，理解を助けるための効果的な手段です。視覚的なイメージを取り入れることで，子どもたちの注意を引き，概念が具体化され，記憶に残りやすくなります。

視覚的なイメージとテキスト情報を組み合わせることで，学習効率は向上します。鮮やかで，なおかつ関連性のある画像であれば，子どもたちは関心を示し，学習内容に対する好奇心が湧くでしょう。

下の画像は，算数「速さ」の学習の導入場面で使用した，飛行機と新幹線の速さを比べるイメージです。授業にユーモアを取り入れることで子どもたちの学習意欲を高めることができます。

算数の授業で、飛行機と新幹線の時速を求める問題の導入で使用する画像

5 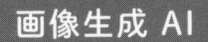 画像生成 AI

活用
アイデア

各県や各国の
イメージを生成させる

異文化理解を促進する

　社会科の学習でも画像生成 AI を活用できます。各県や各国のイメージを DALL-E に生成させると，下のように入力されたプロンプトにもとづいた地域の特産品，建築物，地域文化などを反映した画像を出力することができます。この方法は，子どもたちに日本や世界の様々な地域の文化をより深く理解させるのに役立ちます。授業で取り上げる地域やテーマに応じて，プロンプトをカスタマイズしましょう。

　ただし，AI は間違えたイメージを生成することもあるので，先生の補足が不可欠です。

6

活用
アイデア

オリジナルの塗り絵を作成する

雨の日の室内遊びも安心

　画像生成 AI を利用してオリジナルの塗り絵を生成します。この活動は,雨の日や図工の時間に便利です。子どもたちの関心を刺激し,同時に最新の AI 技術に触れさせることもできる一石二鳥の活用方法です。

　塗り絵のテーマは,季節,祭り,動物,宇宙など,子どもたちが関心をもちやすいものが適しています。また,授業で扱っているテーマに合わせることで,学習内容と関連させることも可能です。

　画像生成 AI ツールにテーマに沿った指示を入力し,オリジナルの塗り絵を生成します。例えば,「お菓子の家を線だけで描いてください」や「シンプルなクリスマスの絵を線だけで描いてください」など,具体的に指示を出すことで,独創的なイラストが生成されます。

7

画像生成 AI

オリジナル
探しものゲームをつくる

学級のアイスブレイクに活用

　画像生成 AI を利用してオリジナルの探しものゲームをつくります。まず，画像生成で背景とキャラクターを生成します。次に，キャラクターは Canva や PowerPoint などの背景除去を使用して切り抜きます。そして，キャラクターを縮小し，背景のどこかに配置したら完成です。

　子どもたちは，時間内にキャラクターを見つけることができるかを競います。雨の日のレクリエーションや授業前のアイスブレイクなどで活用できます。AI で生成するので，何枚でも画像をつくることができ，キャラクターを隠す場所や大きさを調整することで難易度も自由自在です。下の画像は，妖精を見つけるゲームの例になります。

AIが生成した背景の中に
AIが生成した妖精を紛れさせます

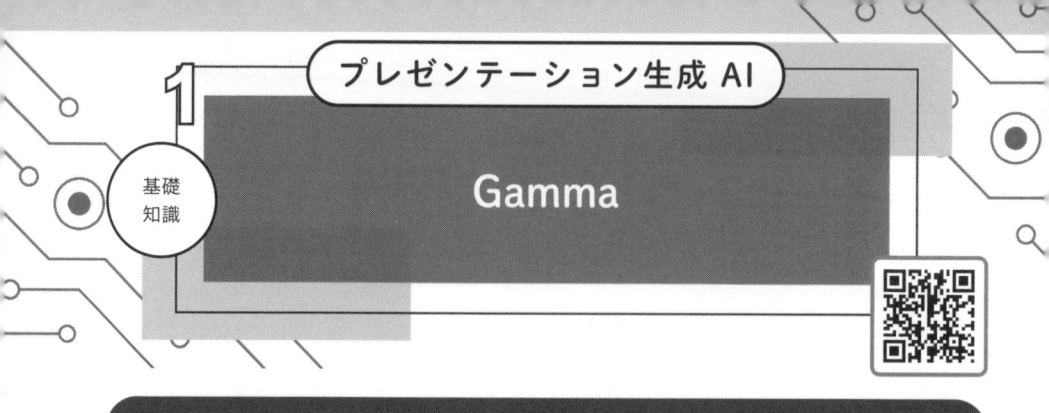

1

プレゼンテーション生成 AI

Gamma

洗練されたデザインで印象的に

　Gamma は，AI を活用して，洗練されたデザインのプレゼン資料生成ができるツールです。視覚的に魅力のある，印象的なコンテンツを簡単に作成することができ，学校現場でも活用できます。

　Gamma は，一定の回数までは無料で使うことができ，作成したプレゼン資料は PowerPoint のデータとして保存できます。フリープランでは400クレジット付与されます。資料生成１回につき40クレジット使用するので，プレゼン資料を10個まで作成できます。

　また，資料のタイトルや項目の入力も日本語に対応しており，生成される資料も日本語です。

Gammaの使い方

① サインアップ。

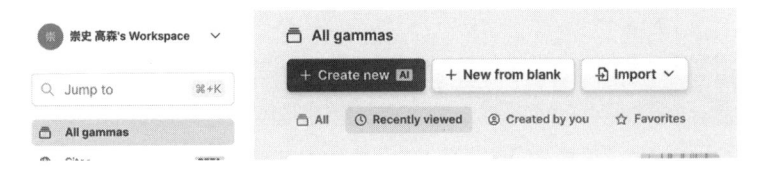

②つくり方を選ぶ。

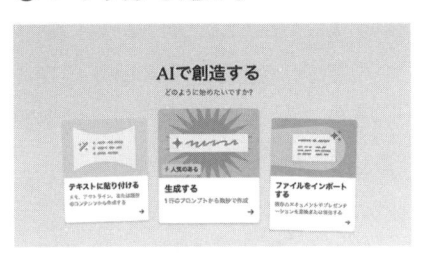

④スライドの種類を選ぶ。

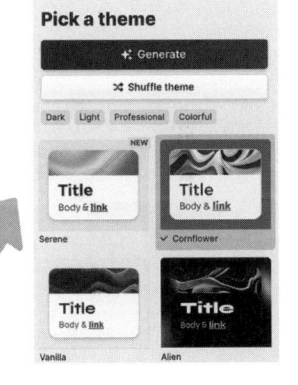

③プレゼン内容を決める。

POINT

細かく指示をするほど、スライドの質は上がっていきます。だいたいの指示を出すと大まかな内容が生成され、スライド生成後に自分でカスタマイズすることも可能です。

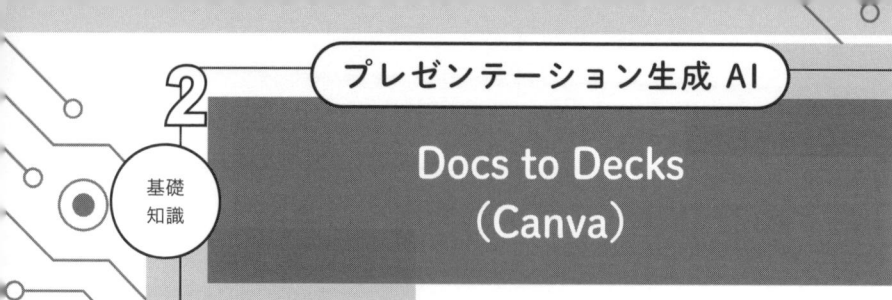

プレゼンテーション生成 AI

2

基礎
知識

Docs to Decks
（Canva）

誰でも簡単にプロ品質のプレゼン資料作成

　Canva は，初心者からプロフェッショナルまで幅広いユーザーが，高品質なグラフィックデザインを簡単に作成できるツールです。Canva 内には様々な AI 機能があり，「Docs to Decks」もその 1 つです。

　「Docs to Decks」は，ドキュメントに書いた内容からスライドを瞬時に生成する AI です。例えば，見学旅行計画のドキュメントから，見学旅行の内容を説明するためのスライドを作成することができます。

　作成したプレゼンテーションは，PowerPoint データとして出力することもできます。Canva は，Google や Microsoft との互換性が高いことも魅力です。

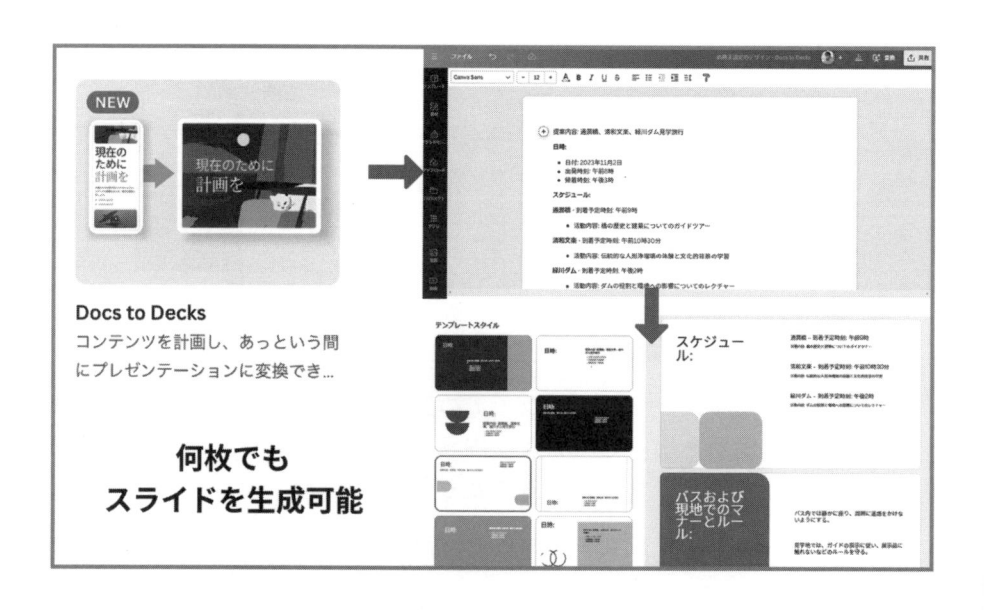

Canvaの AI

画像生成AI
Mojo AI

画像生成AI
Imagen

画像生成AI
マジック生成

音声&動画生成AI
D-ID AI

音声生成AI
Text to Speech

音楽生成AI
Soundraw

POINT

Canvaは学校の先生であれば、申請により無料で有料ツールを使用できます。さらに、多様な外部アプリとも連携しているので、様々なAIツールを無料で使うことができます。

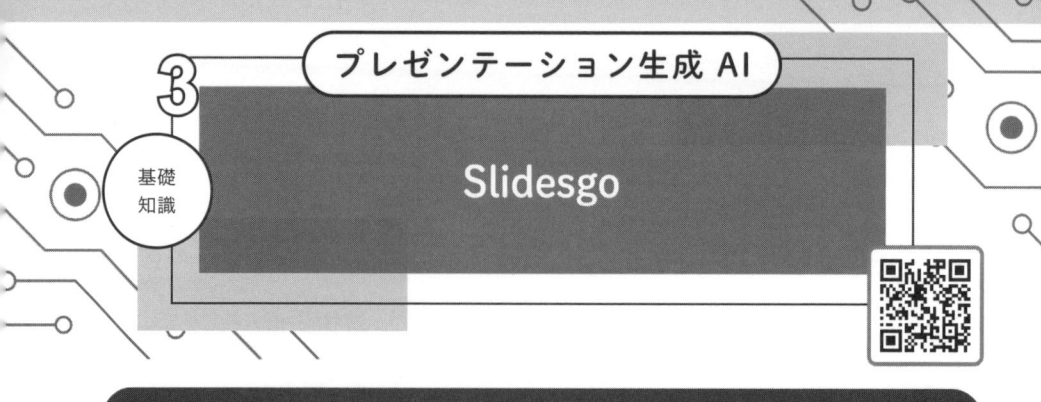

Slidesgo

各種スライド作成ツールの無料で使えるテンプレート

Slidesgo は，様々なプレゼン資料のテンプレートを入手できる，Freepik が提供する拡張機能です。Slidesgo の最大の魅力は，無料テンプレートの豊富さにあります。無料版では，月に5セット（2024年7月現在）のテンプレートのダウンロードが可能です。

また，Google スライドや PowerPoint などと互換性があり，学校現場での使用に最適な機能だと言えます。

Slidesgoの使い方

①サインアップ。

②上部の「AI」から「AIプレゼンテーションメーカー」を選択。

③トピックや語調、スライド数、デザインを決める。

POINT

AIを活用する以外にも、豊富なプレゼンテーションのテンプレートを使用することができるツールです。教育関係者用に、有料プランの割引があります。

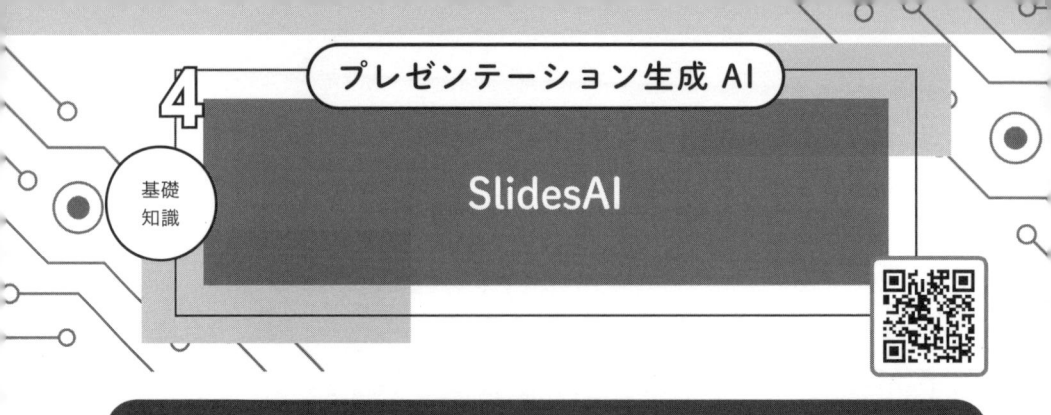

4 プレゼンテーション生成 AI

基礎知識

SlidesAI

Google スライドを自動で生成する拡張機能

　SlidesAI は，AI によってプレゼンテーションのデザインを生成し，最適なレイアウトとスタイリングを提案してくれる革新的なツールです。Google スライドと連携しており，Google Workspace Marketplace から SlidesAI アプリを取得することで，Google スライドの拡張機能として使用できます。

　Google スライドから，プレゼンテーションをつくるためのプロンプトを入力すると，その情報をもとに，色合い，フォント，レイアウト，画像などの観点から最適なデザインを提案してくれます。生成されたプレゼンテーションは，自分でカスタマイズすることも可能です。

SlidesAIの使い方①

①Googleスライドの拡張機能「SlidesAI」をインストール。

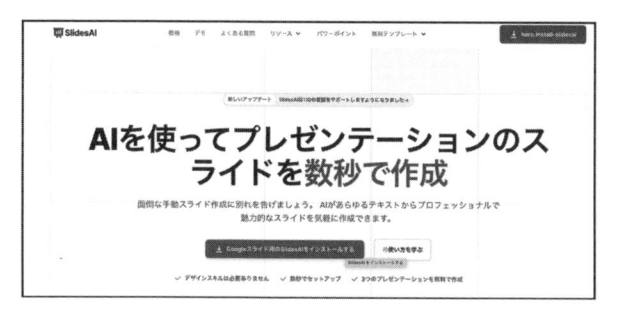

②Google スライドを開き、「拡張機能」を選択。

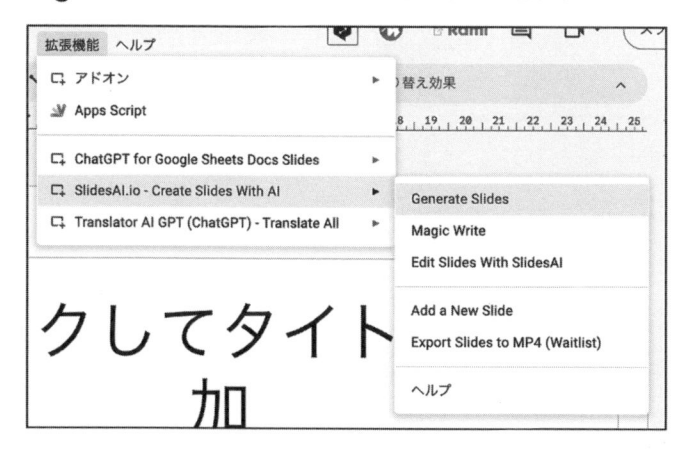

SlidesAIの使い方②

③「トピックから」を選択する。
　テキストやPDFからもスライドを自動で作成可能。

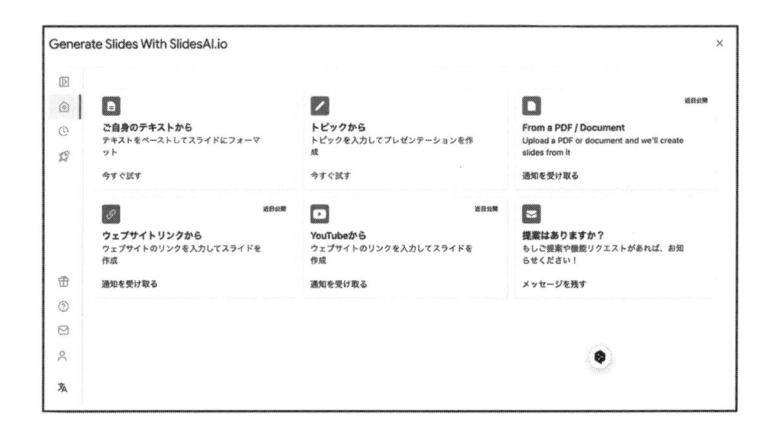

④プレゼンテーションのテーマと詳細情報を入力。

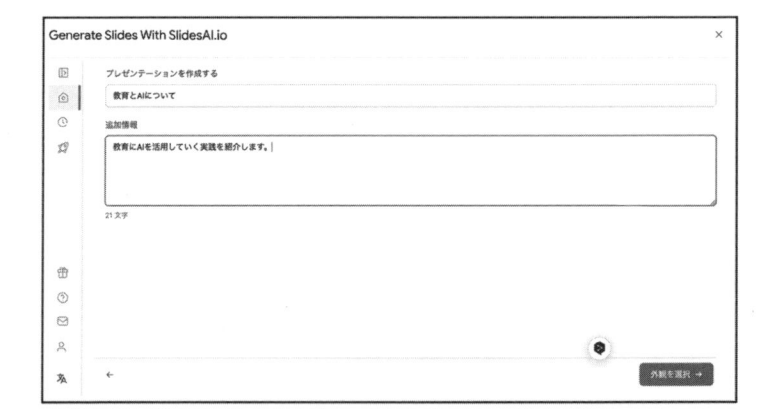

SlidesAIの使い方③

⑤プレゼンテーションの種類や枚数、スタイルを設定。

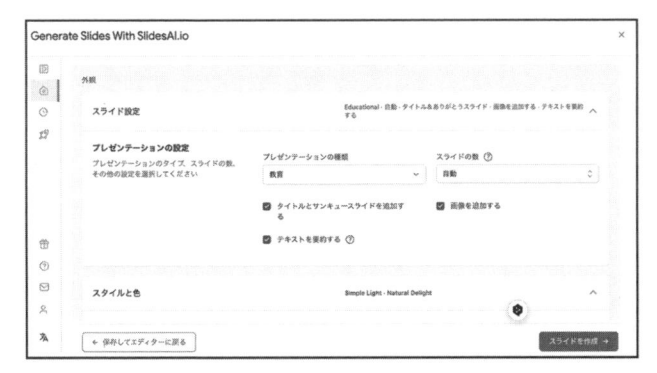

⑥完成。

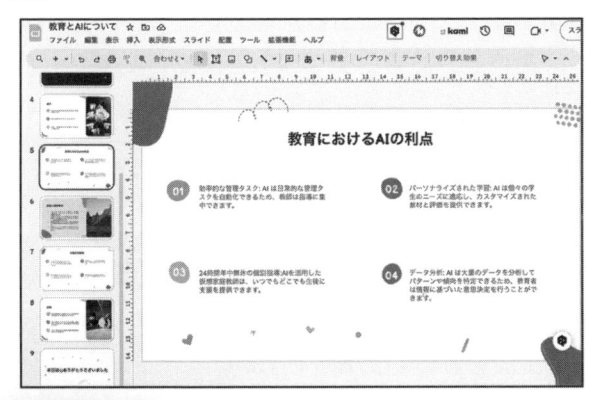

POINT >>>

Google for Education を使用している人は必ず入れておきたいツールです。授業や研修、オンライン学習など様々な用途で使用できます。

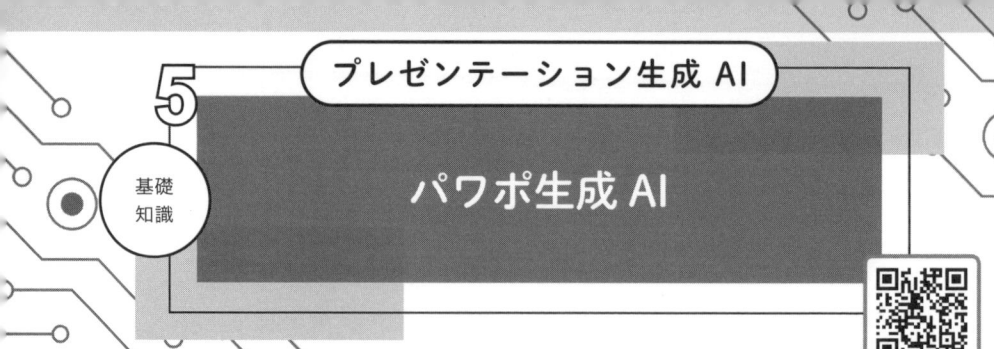

プレゼンテーション生成 AI

パワポ生成 AI

基礎知識

PowerPoint のスライドを生成可能

　パワポ生成 AI は，先生にとって非常に便利なツールです。多くの学校では，Microsoft ツールを業務で使用しているので，PowerPoint を自動で生成できるパワポ生成 AI は革命的な技術とも言えるでしょう。

　パワポ生成 AI は，自然言語処理（NLP）技術と画像認識技術を組み合わせることによって，ユーザーが入力したテキストや指示にもとづいて自動でPowerPoint のスライドを生成します。希望する内容の概要やキーワード，スライドのスタイルに関する指示を入力するだけで，AI がこれらの情報を解析し，適切なレイアウト，画像，テキストを配置したスライドを作成できます。

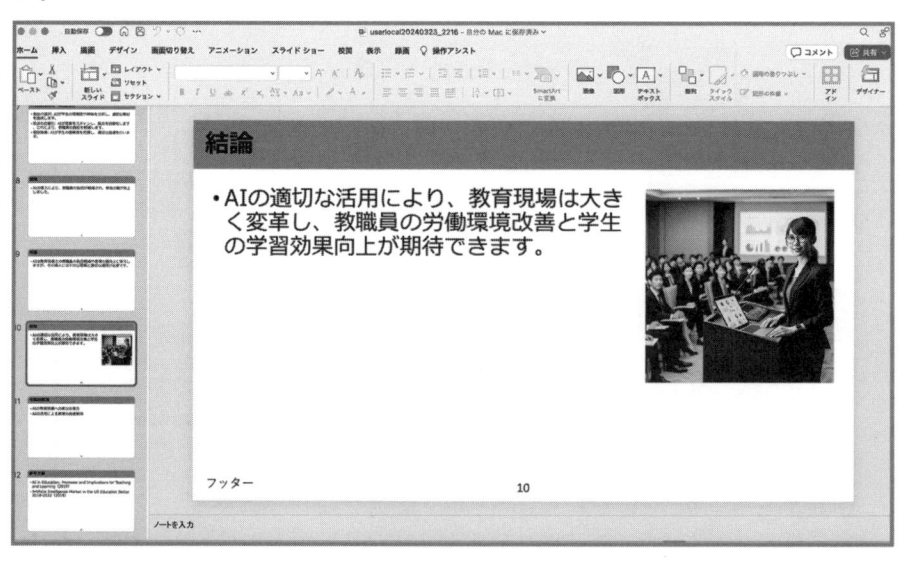

パワポ生成AIの使い方

①テンプレートを選択し、キーワードを入力。

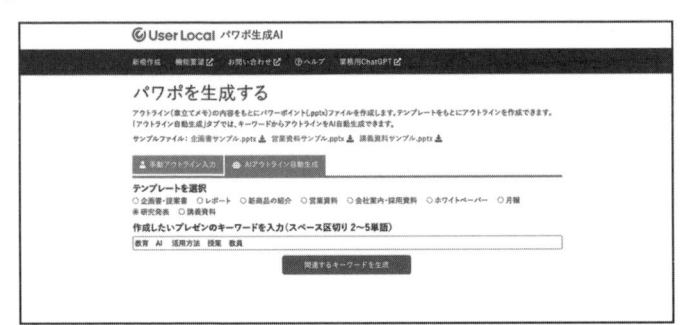

②キーワードを選択し、プレゼン内容を入力。

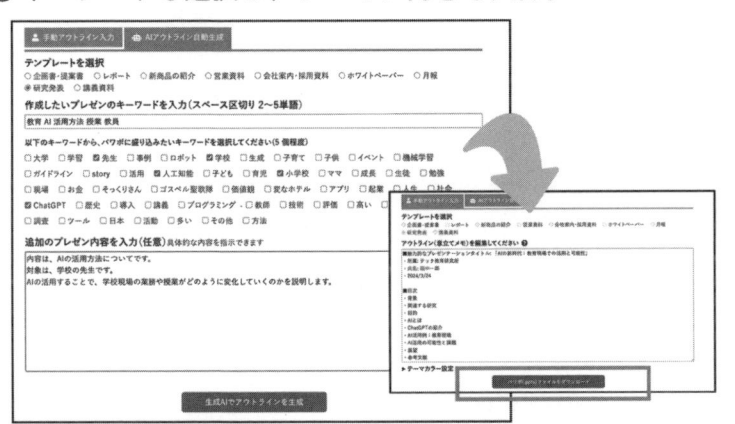

③データをダウンロード。

POINT

プレゼンテーションの内容を詳しく書くほど、スライドの完成度が上がります。プレゼンテーションのデータは、PowerPoint形式で出力されます。

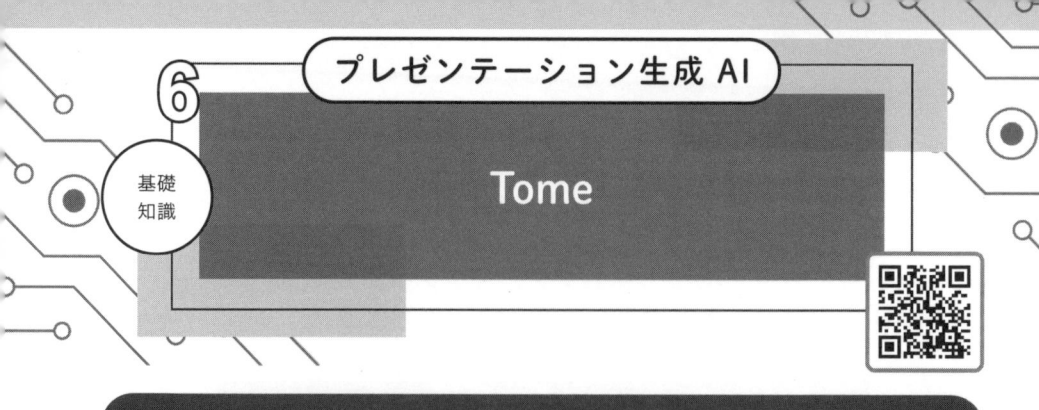

プレゼンテーション生成 AI

6 Tome

基礎知識

プレゼンテーションのビジュアルを自動で

　Tome は，テキストの入力から自動的にビジュアルコンテンツを生成し，作り手の意図に合わせたスライドのアウトラインやデザインを提案します。Tome を使用することで，授業のアウトラインや学習教材用のプレゼンテーションを迅速に作成できます。

　Tome は現在，無料で利用することができます。アカウントの登録が必要で，登録すると500クレジットが付与されます。また，日本語にも対応しており，生成されたスライドの文章はカスタマイズ可能です。有料版に登録すると，様々な AI 機能を使うことができるようになります。

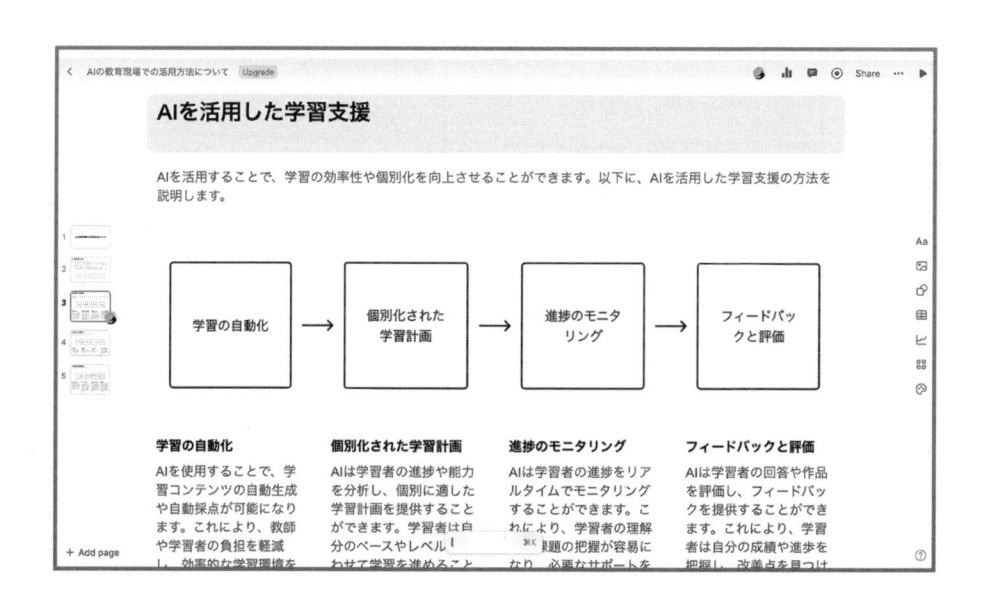

Tomeの使い方

①サインアップ。

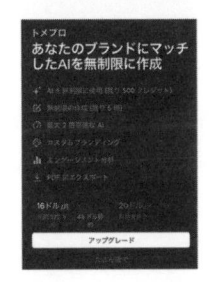

②作成方法を選択。

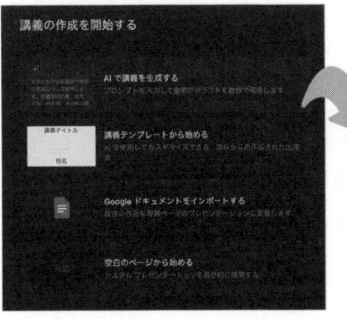

③内容を入力。

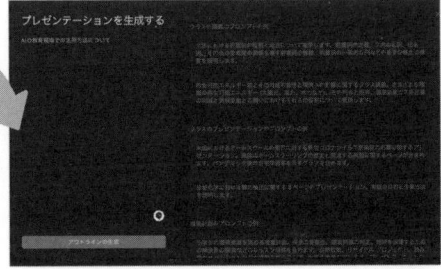

④完成。

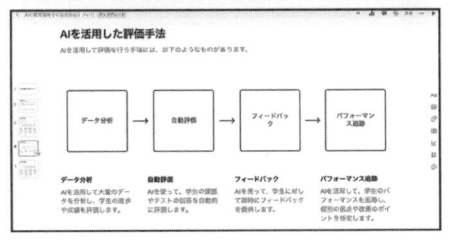

POINT

無料では、500クレジットと生成できる数に制限があります。まずは無料で試し、さらに使いたい場合は有料版に登録しましょう。スライドの完成度が上がります。

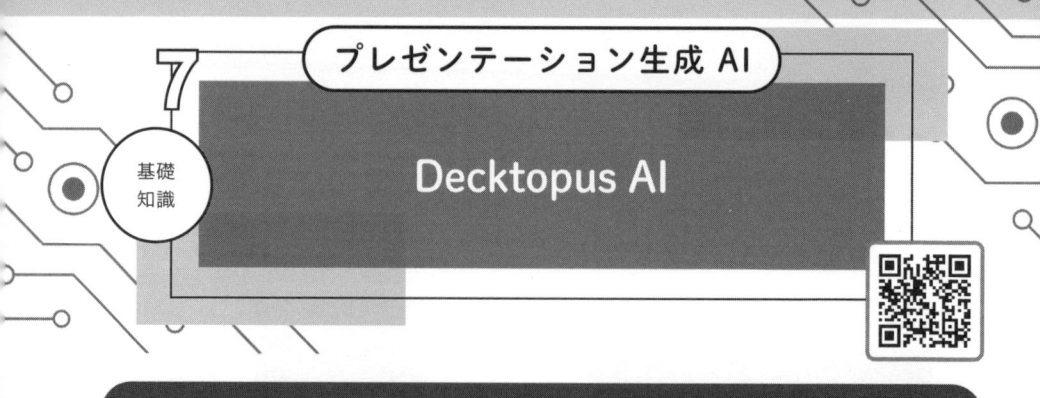

7 プレゼンテーション生成 AI

基礎知識

Decktopus AI

豊富なテンプレート

　Decktopus AI は，プレゼンテーションの内容について説明を入力するだけで，プレゼンテーションを迅速かつ簡単に作成できるツールです。何についてプレゼンテーションを行うべきかわからない場合でも，いくつかの質問に答えることで，有用な提案を提供し，先生自身のニーズに合わせたプレゼンテーションを生成します。生成された結果はそのままでも使用できますが，テーマや色を調整することも可能です。Decktopus AI が生成したものが気に入らない場合は，プレゼンテーション全体を再生成することもできます。

　なお，プレゼンテーション作成自体は無料版でもできますが，AI によるサポートは AI クレジットがないと使えません。

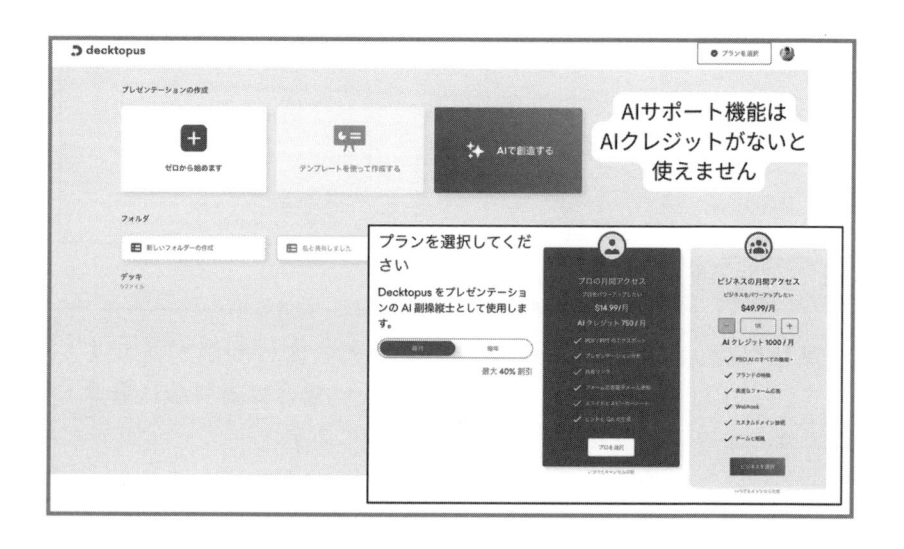

プレゼンテーション生成 AI

保護者会用の
プレゼン資料を生成させる

ネタ切れしない保護者会

　保護者会用のプレゼンテーション資料の生成に AI ツールを活用することで，先生は保護者に対して学校の方針，学習進捗，学校行事の計画などをより魅力的かつわかりやすく伝えることができます。

　前述した通り，プレゼンテーション AI ツールには様々な種類があります。使用するツールを選ぶ際には，テンプレートの豊富さ，カスタマイズの自由度，使いやすさなど，目的に合った機能をもつものを選びましょう。

　保護者会のテーマが思いつかない場合は，ChatGPT などに相談することで，テーマや内容も AI が提案することができます。下は，「家庭教育で大切なこと」をテーマにプレゼンテーションを生成したものです。

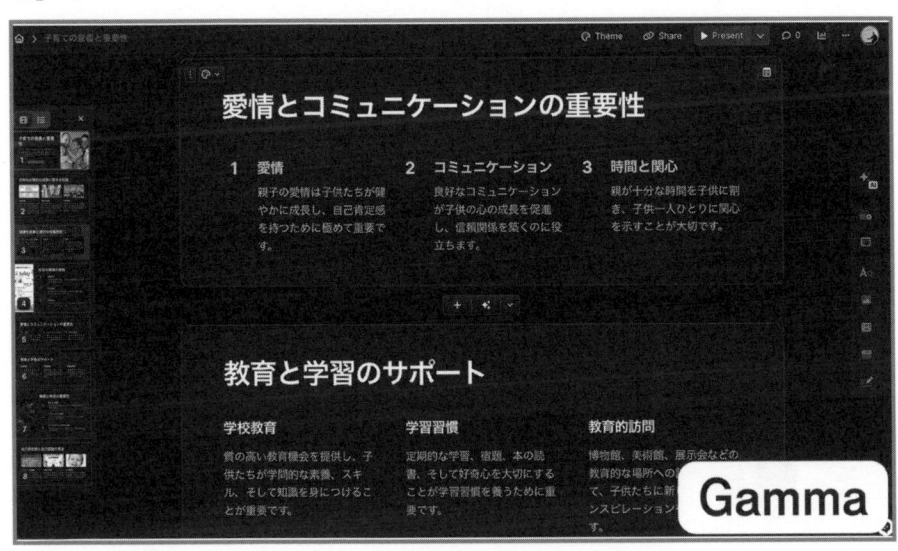

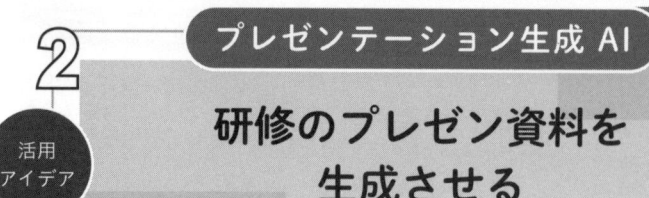

2

研修のプレゼン資料を
生成させる

小難しくなりがちな資料もわかりやすく

　AI を利用して，教員間の研修で使用するプレゼンテーション資料を生成します。これにより，効果的かつ魅力的な研修資料を短時間で作成することが可能になり，先生たちのスキルアップや知識の共有を効率的に行うことができます。

　教育理論や新しい教育手法に関するスライドは小難しくなりがちですが，AI が適切な図表や図解を挿入することで，聞き手の理解をサポートするわかりやすい資料になります。グループワークやワークショップの計画を紹介するスライドを作成する場合でも，参加を促すようなデザインやレイアウトを AI が提案します。

③

プレゼンテーション生成 AI

活用
アイデア

授業用のプレゼン資料を生成させる

プレゼンテーションを活かした授業も瞬時に完成

　授業用のプレゼン資料も，AIツールを活用して作成することができます。先生がより効率的かつ効果的に授業を進めるための手段として，非常に有効です。

　授業をプレゼンテーションで行うことで，欠席した子どもに資料として配布したり，家庭学習での見直しに使用したりすることもできます。黒板で授業を行うことは１つの手段に過ぎず，内容によっては黒板よりプレゼンテーションの方が効果的な場面もあります。一度作成しておくことで何度も使用できる点もプレゼンテーションのメリットです。

4 プレゼンテーション生成 AI

活用
アイデア

お手本プレゼンを
作成する

子どもたちの成果物と比較

　ここでいう「お手本」は，子どもたちに効果的なプレゼンテーションの構造やデザイン，視覚的要素の効果的な使用方法を示すものという位置付けです。まず，子どもたちに共通のテーマで自分たちなりにプレゼンテーションを作成してもらいます。次に，子どもたちのプレゼンテーションと AI によるお手本を比較します。その違いを考えさせることで，子どもたちのプレゼンテーションの作成スキルを実践的に磨くことができます。

　なお，プレゼンテーションの発表部分のみを練習させたい場合は，AI に生成させたスライドを活用することで，作成にかかる時間を短縮することができます。

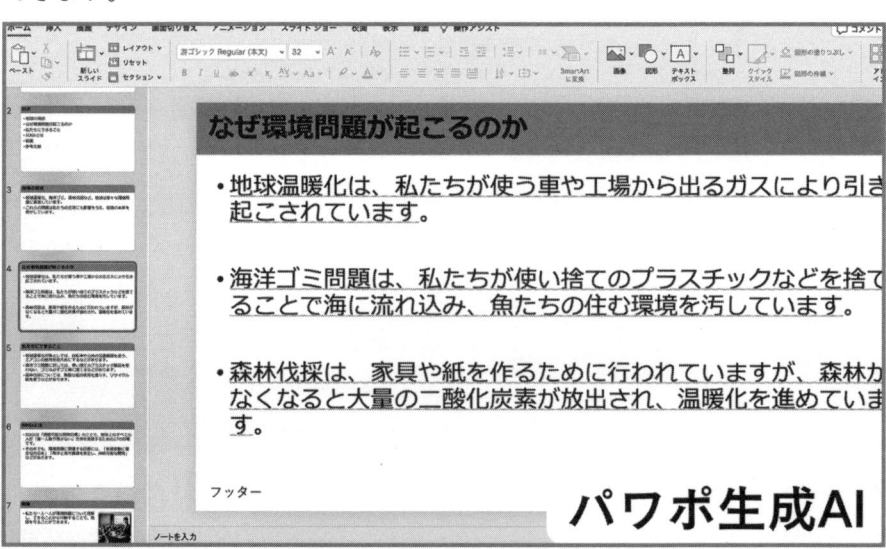

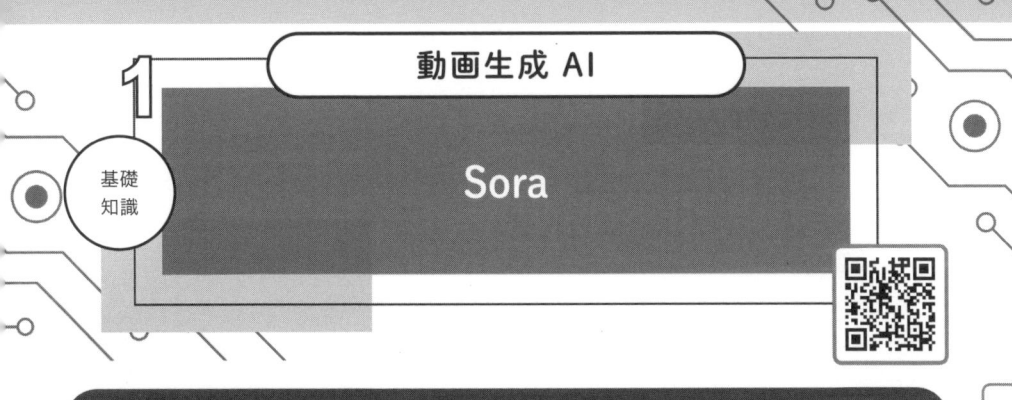

1 動画生成 AI

基礎知識

Sora

OpenAI が開発した最強の動画生成ツール

　Sora は，OpenAI によって開発された革新的な動画生成ツールであり，AI の最先端技術を活用して，テキストを入力してから短時間でハイクオリティな動画を生成できるように設計されています。アイデアを視覚的に表現し，より多くの人々と共有するための手段を提供することができます。

　Sora の最大の特徴は，その動画生成能力の高さにあります。簡単なテキストの説明を入力するだけで，AI がそれを解析し，関連する映像素材やアニメーションを自動的に選択し，それらを組み合わせて動画を生成します。

　　　　　　※2024年7月現在では，まだ一般利用はできません。

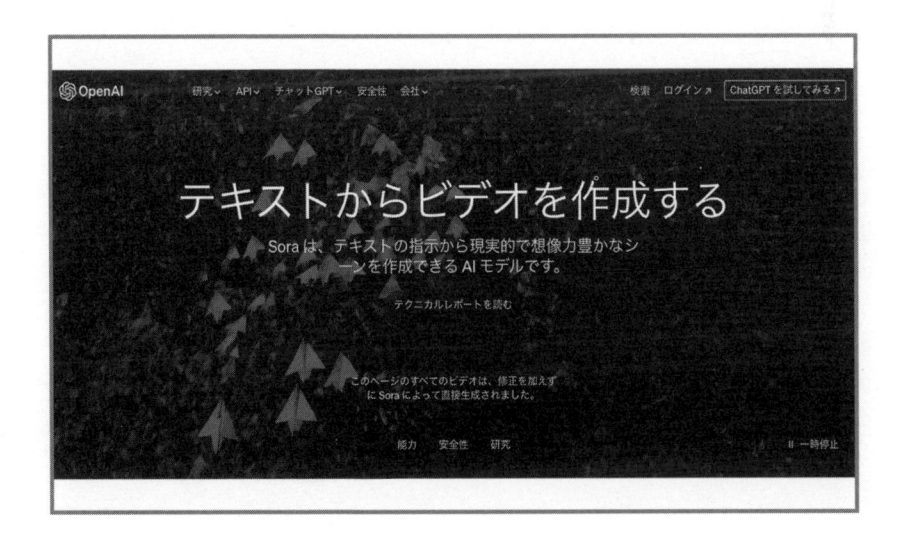

Gen-2 by Runway

高品質な動画を生成

　Gen-2 は，テキストや画像から動画を生成することができる AI ツールです。Runway という会社が提供しており，Gen-2 はより高度な AI システムであるマルチモーダル AI システムを採用しているため，前作の Gen-1 と比べて，高品質の動画をさらに短い時間で生成することが可能になったことなど，様々な進化が見られます。

　操作が非常に簡単で，「テキスト→動画」「画像→動画」の生成がほんの数秒でできます。例えば，「ゴリラがピアノを弾く」とテキストを入力すると，その内容の動画が生成されます。無料版でも合計105秒の動画を生成できる点も魅力です。

Gen-2 by Runwayの使い方

①サインアップ。

②動画の説明文を入力。

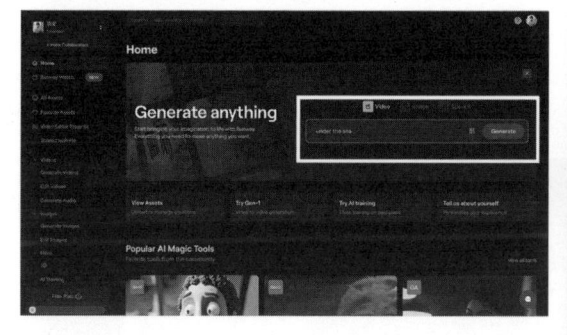

③Generateを選択。

POINT

無料で生成できますが、機能に制限があります。テキストまたは画像をもとに生成する方法の2種類があります。部分的に動かすなどの細かい設定も可能です。

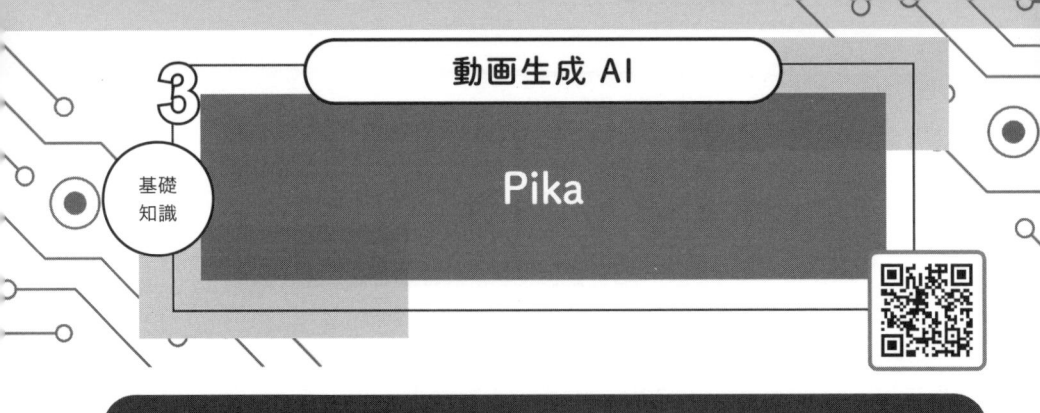

Pika

基礎
知識

アニメーション動画を簡単に作成

　Pika は，アニメーション動画の作成を誰でも簡単かつ迅速に行えるように設計された AI ツールです。このツールを使うことで，３Dアニメーションやカートゥーン（子ども向けアニメ）など，多様な動画生成と編集が可能になります。

　Pika は操作のしやすさ，テンプレートやエフェクトの多さ，カスタマイズ機能の豊富さが特徴で，アイデアを効果的に可視化することができます。日本語にも対応していますが，日本語で入力すると英語で入力したときと比べてクオリティが下がる傾向にあります。翻訳ツールや文章生成 AI などと組み合わせて使用するのがよいでしょう。

Pikaの使い方

① サインアップ。

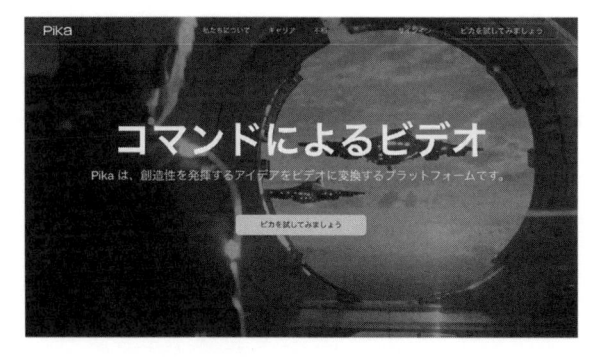

②イメージを入力。

③完成。

POINT ▶▶▶

無料で登録時に250クレジットが付与されます。また、最初のクレジットがなくなると毎日30クレジットが補充されるので、無料版でも繰り返し使用できます。1回の生成で10クレジット使用します。イメージを具体的に説明することで、動画の完成度が上がります。

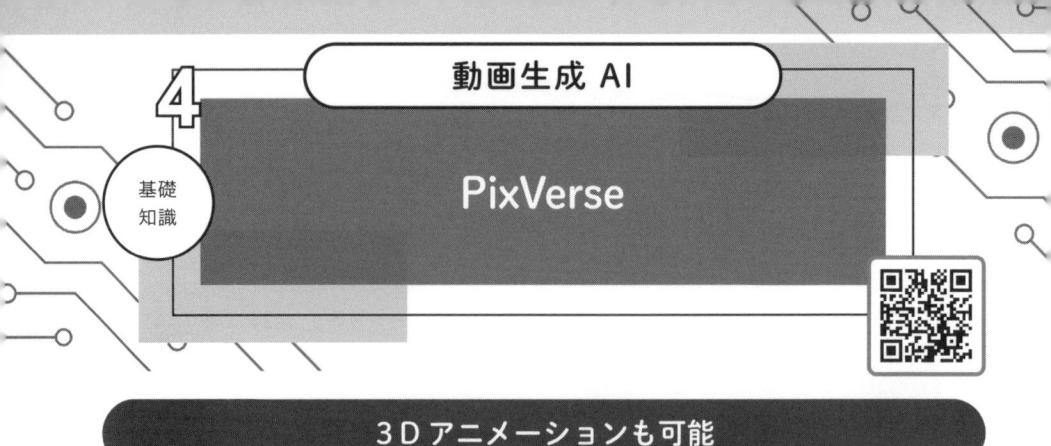

PixVerse

基礎
知識

3Dアニメーションも可能

　PixVerse は，ハイクオリティなアニメーションを手軽に作成できる，革新的なツールです。Gen-2 や Pika などと同様に，テキストや画像から簡単に動画を生成することができます。

　使い方は2通りあります。1つ目はウェブサイトでログインして使う方法，2つ目は Discord（コミュニケーションツール）上で操作する方法です。ただ，すでに Discord に登録している場合以外は，ウェブサイトの方が手軽に使用できます。

　PixVerse は動画だけでなく，画像生成ができるところも魅力です。

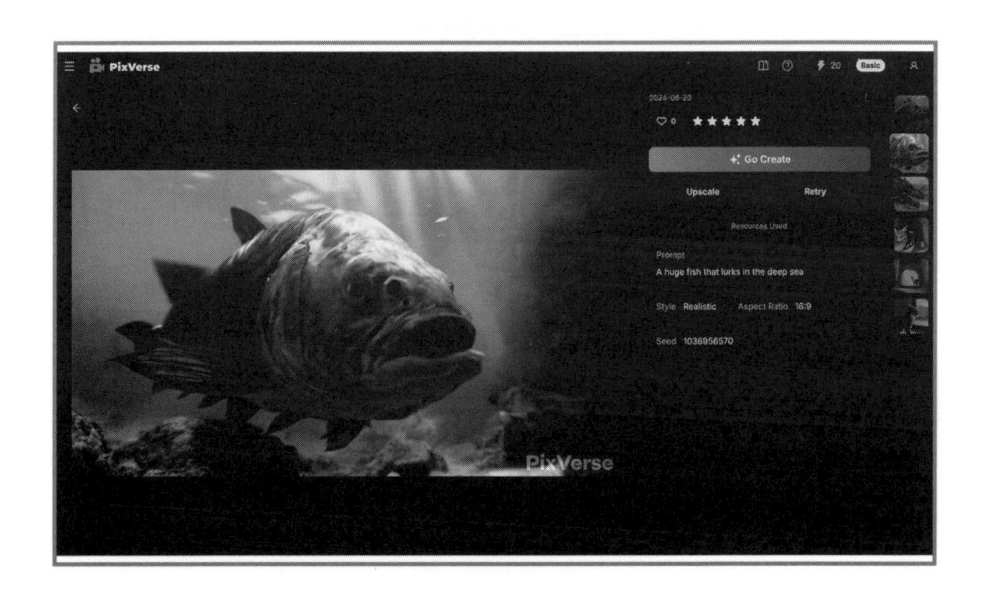

PixVerse の使い方

①サインアップ。

②「作成する」を選択。

③プロンプトを入力。

④完成。

穴にひとりぼっちの小ぎつね

POINT

商用利用はできません。「Realistic」「Anime」「3D Animation」など、生成できるスタイルが選択できます。

LensGo

基礎知識

多様な種類の動画を生成

　LensGo は，画像生成や動画アニメーション生成など，様々な機能を備えたツールです。モデルの選択やプロンプトを入力し，鮮やかな作品を生成することが可能です。

　「Text to Video」機能では，入力したプロンプトをもとに動画が生成されます。「Style Transfer」機能では，自身がアップロードした動画をアニメーション化することができます。

　他にも便利な機能があり，多様な画風やスタイルに変更することができます。

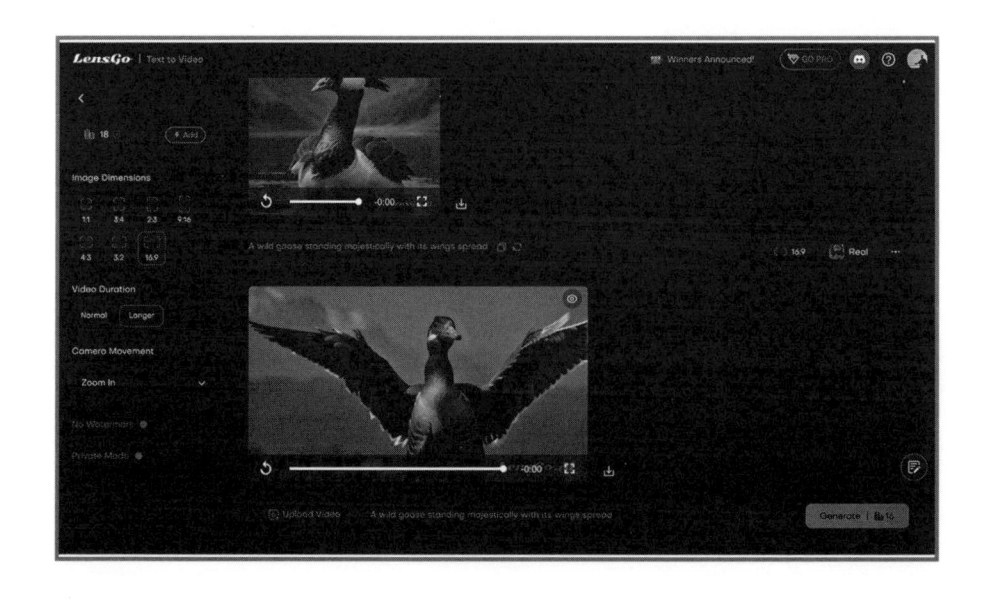

LensGoの使い方

① サインアップ。

② テキストからビデオを生成。

③ 完成。

POINT

LensGoは無料で使用可能です。アニメやファンタジー、ジブリ風、ゲームメカ、水墨画など、豊富な動画の種類を選べます。

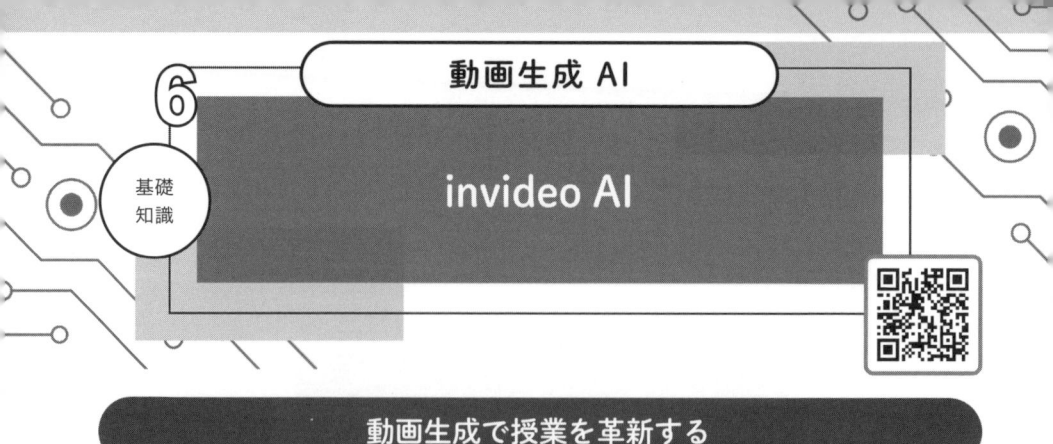

invideo AI

基礎知識

6

動画生成で授業を革新する

　invideo AI は，魅力的でインパクトのあるビデオコンテンツを簡単につくることができる，先進的な動画生成ツールです。プロンプトを入力するだけで動画を生成でき，どんな動画に仕上げたいかを事前に決めておくことで，イメージに近付けることができます。プロンプトや選択次第で，誰に向けた動画をつくるのか，対象を絞り込むことも可能です。

　また，生成された動画のカスタマイズができる点も特徴です。動画の台本にあたるテキスト部分を微調整して，ナレーションなどの変更を行うことができます。

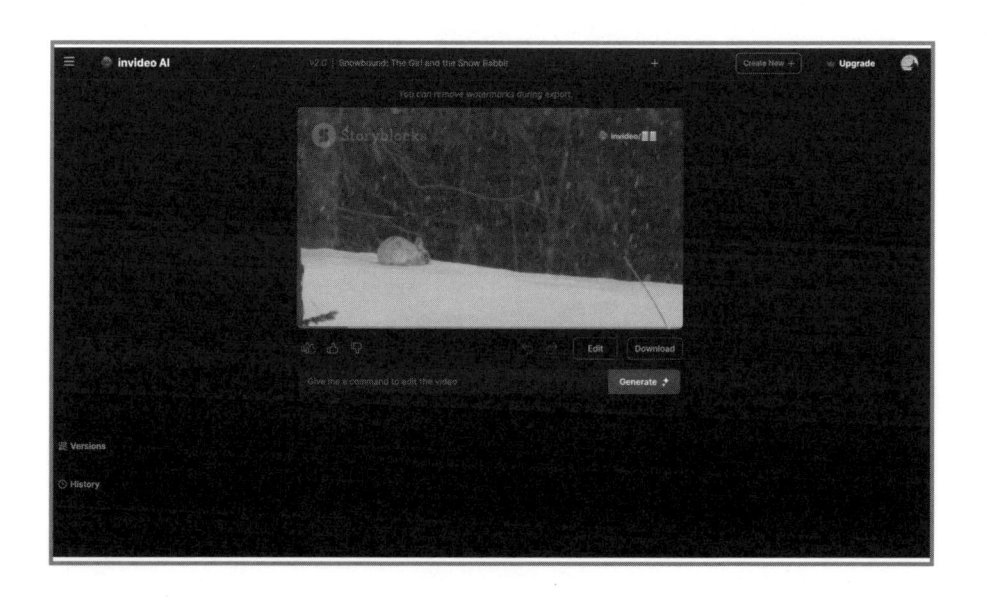

invideo AI の使い方

①サインアップ。

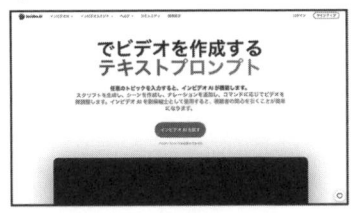

②設定を選択。

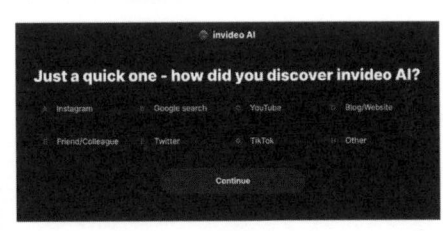

③イメージを入力。

④動画の対象を選択。

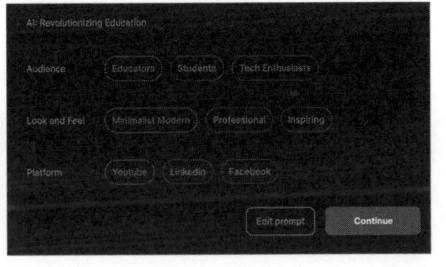

⑤完成。

POINT

無料で使用できるだけでなく、3分ほどの本格的な長めの動画を作成することができます。ただし、無料版では「透かし」が入ります。また、英語にしか対応していません。

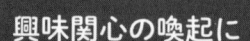
授業導入用の
動画をつくる

興味関心の喚起に

　動画生成 AI を使用して授業の導入部分に活用する動画を生成することで，子どもたちの興味を惹き，学習意欲を高めることができます。この方法によって，授業内容への関心が喚起され，子どもたちにとっても魅力的な導入になるでしょう。

　授業のテーマやトピックに関連する，興味を惹かれる情報や問題などを紹介する短い動画を作成し，子どもたちの好奇心を刺激します。さらに，授業で達成しようとしている学習目標や探究すべき問いが明確になる動画であれば，子どもたちが授業の目的を理解しやすくなります。

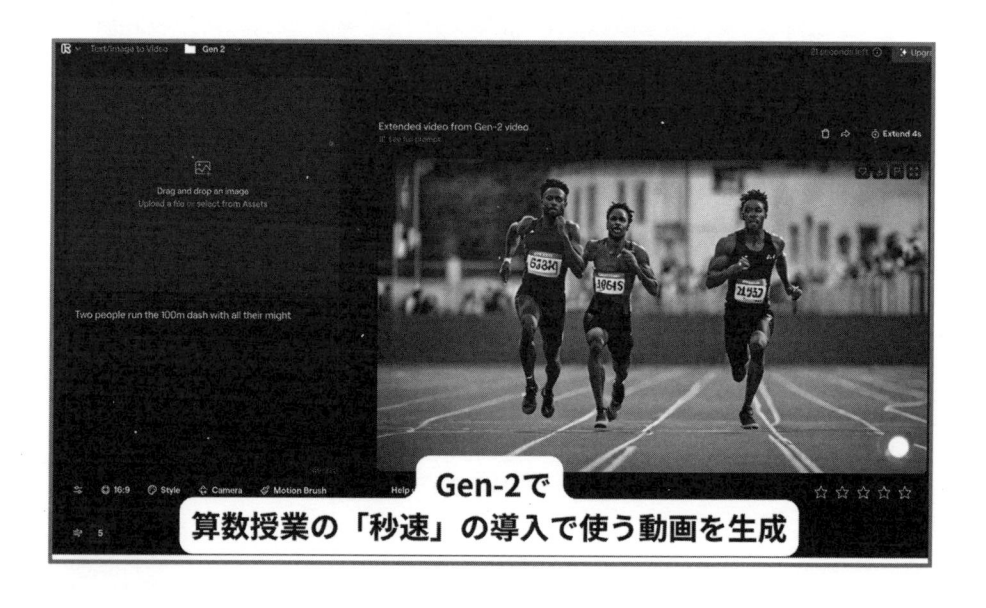

2 動画生成 AI

ことわざや慣用句の内容を動画化する

視覚的に理解しやすい資料に

動画生成 AI を使用してことわざや慣用句の内容を動画化することで，子どもたちの理解を促すことができます。ことわざや慣用句は文化的な背景や言葉のニュアンスを含むため，テキストだけでなく，視覚的に学ぶことでより理解を深めることができるでしょう。

方法としては，具体的なプロンプトを動画生成 AI に入力します。ことわざや慣用句の説明，ストーリーの流れ，強調したい視覚的要素などを入力することで，より正確な動画を生成することができます。下は，「猿が木から落ちる場面です。猿は，手足を滑らせ，空中で足掻いています。空中で足掻いている猿を上からの視点で見ます」と入力して生成したものです。

0:01/0:03

Pikaで「猿も木から落ちる」を動画生成

3

動画生成 AI

活用
アイデア

子どもたちが作成した
物語や詩を動画化する

アイデアを具現化する

　動画生成 AI を使用して子どもたちが作成した物語や詩を動画化することで，子どもたちの創造性を促進し，表現力を高めることに繋がります。さらに，この活動を通じて，子どもたちの創作活動への関心と自信が大いに高まるでしょう。

　子どもたちが作成した物語や詩の中から，動画化したい場面を選択します。子どもたち自身に選ばせることで，活動への関与感を高めることができます。次に，物語のナレーションや詩を朗読する声，BGM など，音声要素を動画に追加します。子どもたち自身の声を録音して使用することも，活動への没入感を高めるよい方法です。

こちらは、剣を携えたクールな15歳の桃太郎が、巨大な角を生やした巨大で恐ろしい鬼と激闘を繰り広げる映像です。噴火する火山と流れる溶岩のドラマチックな背景を背景に、鬼は視聴者に向かって向かい、桃太郎はそれと戦う準備ができています。このシーンは彼らの対立の激しさを表しています。

LensGoで
「鬼ヶ島」を動画生成

4 動画生成 AI

活用アイデア

物語の内容を動画化する

文章を可視化し，イメージを補足する

　動画生成 AI を利用して物語の内容を動画化し，視覚的にわかりやすくすることで子どもたちの物語への関心を高めます。生成された動画を通して，子どもたちの想像力が刺激され，登場人物の感情や物語の背景，重要な出来事をより深く理解し，共感することに繋がります。

　プロンプトには，物語の重要なシーンやキャラクターの特徴，感情などを示す要素を記述します。動画生成 AI にこれらの要素を反映させることで，物語の内容がより明確に伝わる動画になるでしょう。下は，小学 4 年生国語「ごんぎつね」の 1 シーンを動画化したものです。

PixVerseで
「穴にひとりぼっちの小ぎつね」を動画生成

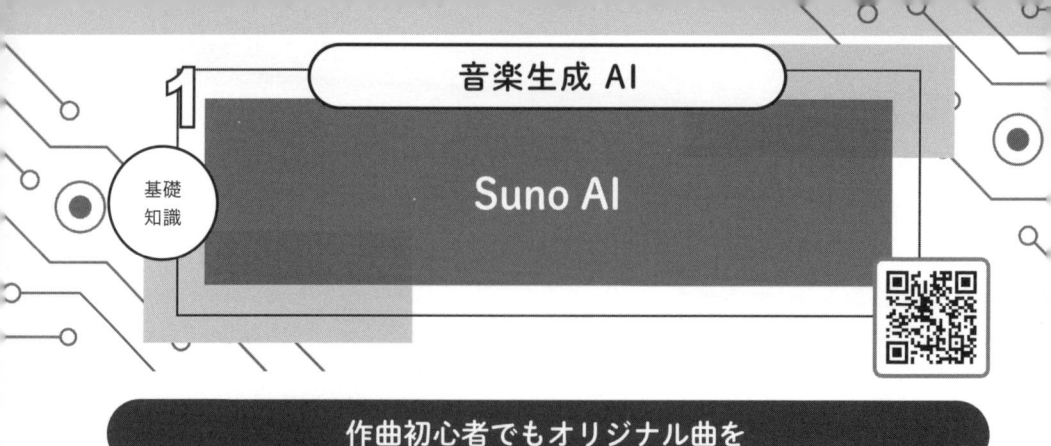

1 音楽生成 AI

基礎知識

Suno AI

作曲初心者でもオリジナル曲を

Suno AI は，多くの人々が待ち望んでいたテキストから音楽を生成する AI ツールです。このツールは，これまでできなかったユーザーが入力した歌詞でボーカルを生成できる革新的な音楽生成 AI です。音楽の知識がまったくない人でも，オリジナル曲を簡単に作成できます。このツールの登場によって，誰でも AI を使って簡単にオリジナルの音楽がつくれるようになりました。

Suno AI は，高い機能をもちながら優れた操作性もあり，短期間で爆発的な人気を集めています。好みのジャンルや曲調，テンポなどを選択するだけで，AI がそれに合ったオリジナル曲を生成します。

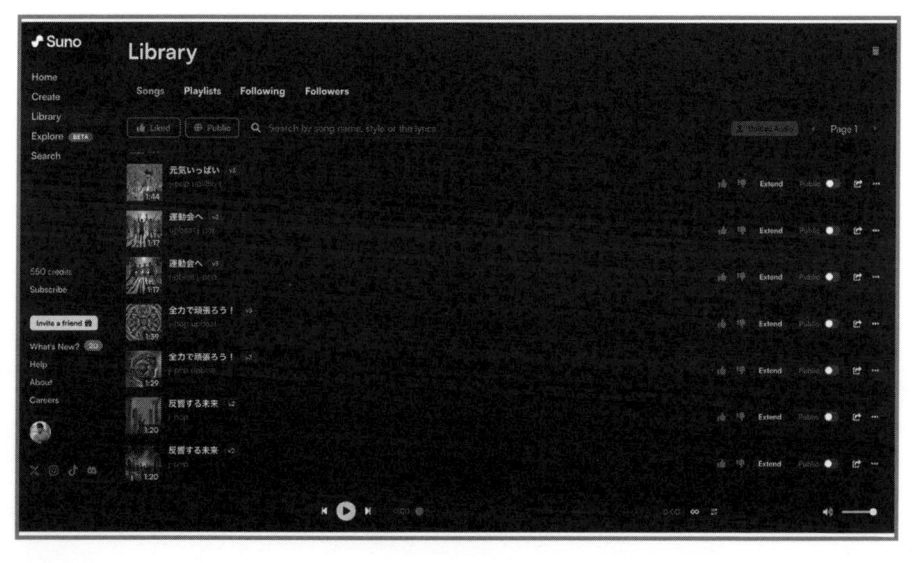

Suno AIの使い方

①サインアップ。

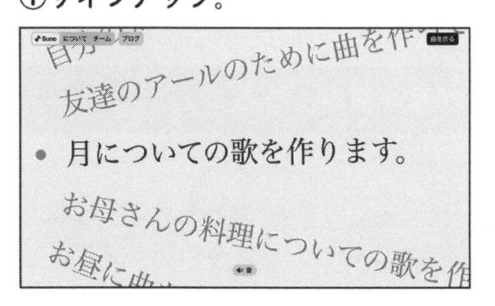

③完成。

②テキストを入力して作成。

 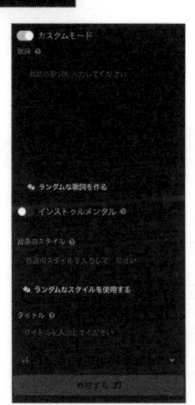

カスタムモード→

POINT ▶▶▶

曲数に制限はありますが、無料でテキストから歌ありの音楽を生成することができます。また、カスタムモードを使えば、自分で考えた歌詞を歌にすることもできます。

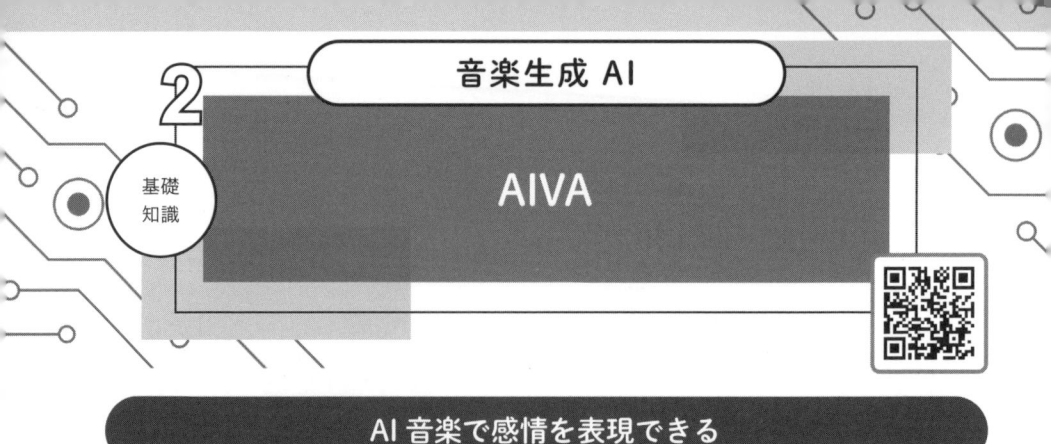

音楽生成 AI

AIVA

AI 音楽で感情を表現できる

　AIVA（Artificial Intelligence Virtual Artist）は，AI を活用して音楽を生成する先進的な技術をもつツールです。ジャズから DTM 風の曲調まで，様々なジャンルの音楽をつくり出します。AIVA は特に，感情や雰囲気を伝えるような楽曲の生成に優れています。

　AIVA は，多くの音楽作品を解析し，そこから音楽の理論と感情の表現方法を学習します。このプロセスにより，喜び，悲しみ，驚き，恐怖など，特定の感情を伝える楽曲を生成することができます。AIVA がつくり出す音楽は，聴く人の心に深く響くような，情緒的に感じる作品が多いです。

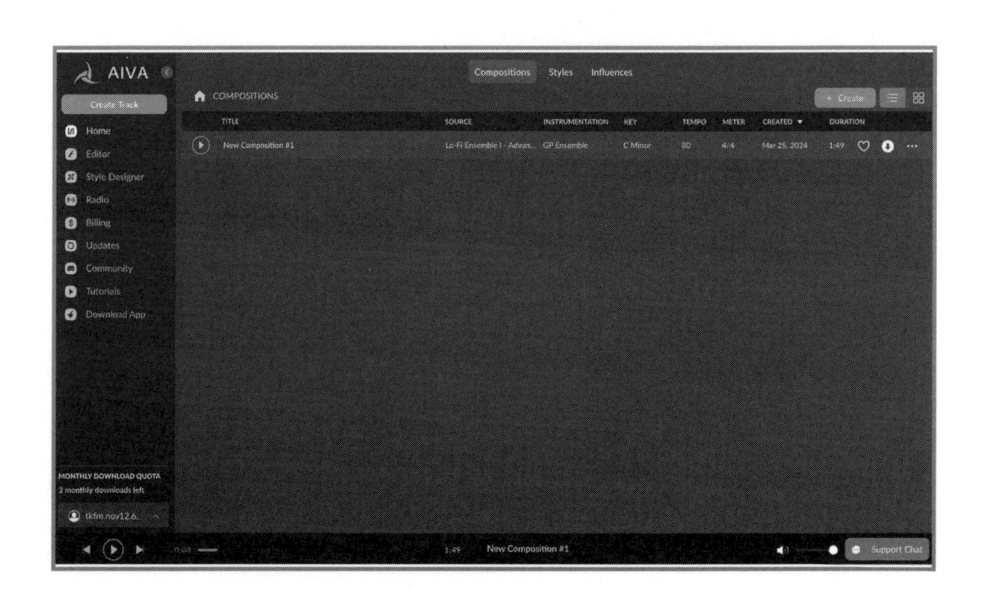

AIVAの使い方

①サインアップ。

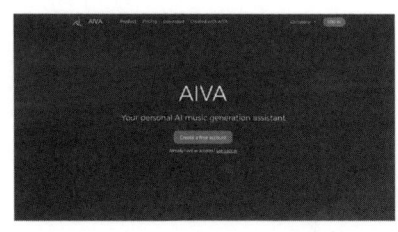

②CREATEを選択。

③つくり方を選択。

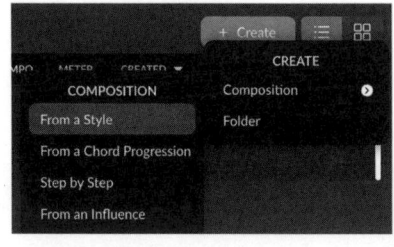

④希望の曲調を選択。

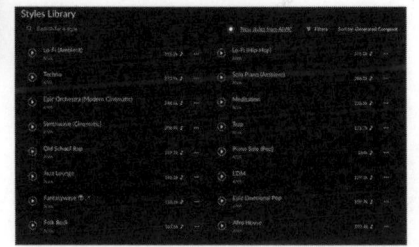

POINT >>>

月に3曲まで無料で音楽生成ができます。BGM制作や作曲向けに利用される音楽生成AIです。歌詞はないため、他の音楽生成AIと使い分けるのがおすすめです。

SOUNDRAW

基礎
知識

効果音や BGM も手軽に生成

　SOUNDRAW は，AI 技術を活用して独自の音楽を作成できるツールです。制作したプレゼンテーションや動画の内容にあわせたオリジナルの BGM や効果音を生成できる点が特徴です。音楽理論の知識がなくても，直感的に作曲することが可能です。

　SOUNDRAW には無料版と有料版のプランがあります。無料版では，基本的な楽曲生成機能を利用できますが，ダウンロードは制限されています。有料版では，生成した楽曲をダウンロードして利用することができます。例えば，生成した楽曲をダウンロードして，YouTube などにアップする動画のBGM として利用できます。

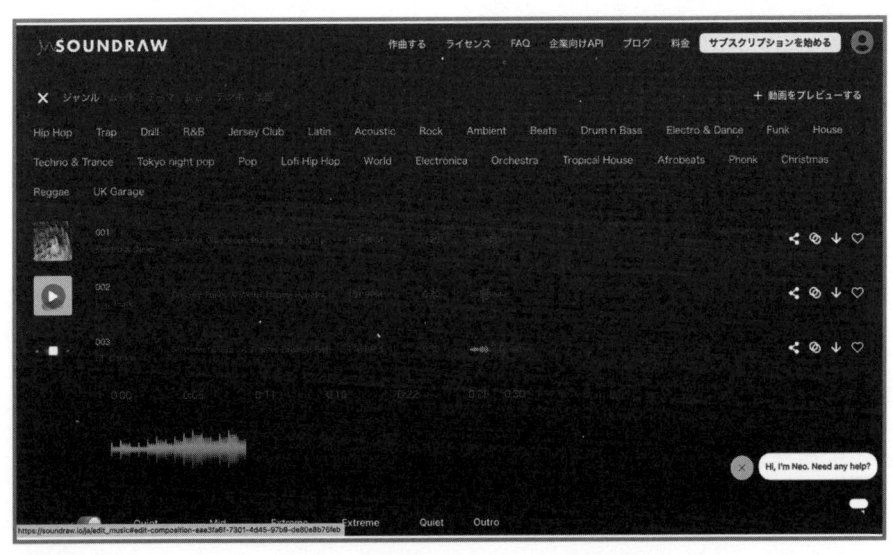

SOUNDRAWの使い方

①サインアップ。

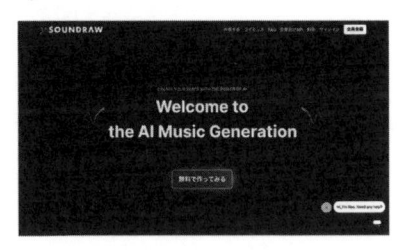

②時間と速さを選択。

③ジャンル、ムード、テーマ
の中から1つを選択。

④完成。

POINT 》》》

SOUNDRAWは曲の長さや曲調、テンポなどを指定するだけで、
AIが楽曲を自動生成するツールです。専門的な知識は必要なく、
だれでも簡単に楽曲制作を楽しめます。無料で利用可能です。

4

基礎知識

Stable Audio

自動で音質を調整，クリアなサウンド生成

Stable Audio は，テキストから音楽を生成することができるツールです。使い方はとても簡単です。画面左上のテキストボックスにプロンプトを入力し，サウンドの長さを指定するだけで，入力したプロンプトに応じた楽曲が生成されます。生成された音楽は MP 3 形式でダウンロードできます。プロンプトの入力は，現時点では日本語非対応なので，英語で入力する必要があります。

　無料版では月に20件の音声ファイルを生成でき，プロ版では月に500件の音声ファイルを生成できます。

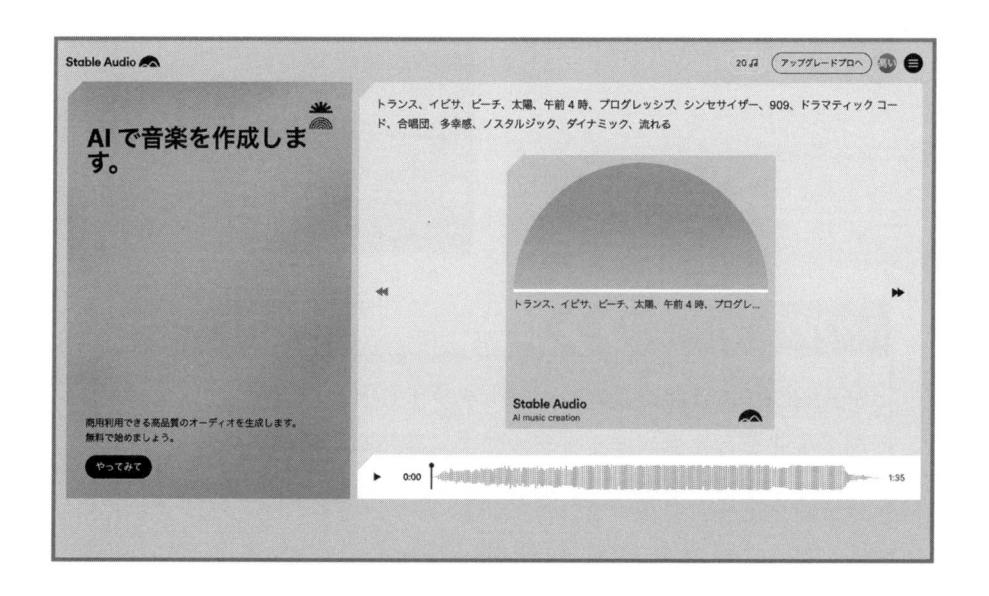

Stable Audioの使い方

①サインアップ。

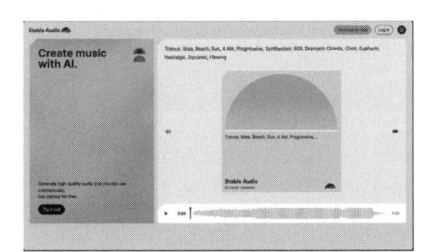

②イメージを入力。

③完成。

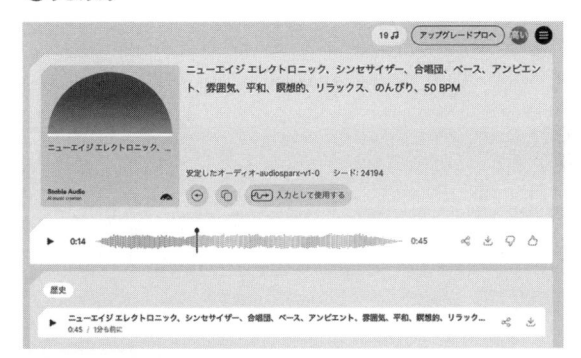

POINT >>>

月に無料で20曲生成することが可能です。子どもや保護者向け動画や学習発表会で流すBGMなどを作成する際に使用することができます。

音楽をつくる楽しさを体験してみる

音楽生成 AI

活用アイデア

1

クリエイティビティを喚起する

　音楽生成 AI を活用することで，音楽的知識や経験が豊富でない人でも，オリジナルの音楽をつくる楽しさを体験することができます。

　また，AI は，先生や子どもたちが思い描くことのないようなユニークな音楽を生成することがあり，無限の可能性が広がっています。AI によって生成された音楽を通じて，新しいジャンルやハーモニー，リズムパターンに出会うことができ，音楽に対する理解を深めることに繋がります。

　音楽生成 AI を利用することは，音楽を学習する楽しさを味わう新しい手段と言えるのではないでしょうか。

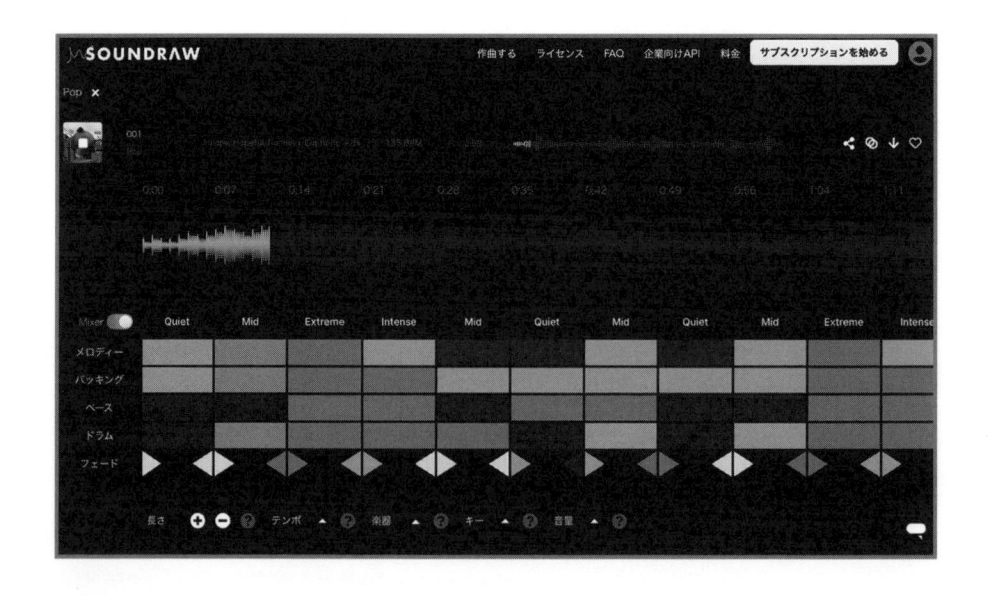

2 音楽生成 AI

活用アイデア

学級歌をつくる

歌で学級を団結させる

　音楽生成 AI を使用して学級の歌を生成することで，一体感を高めるとともに，音楽を通じた創造的な表現の楽しさを子どもたちに伝えることができます。

　学級目標を歌にする，学級 BGM を作成して朝や帰りの会で流す，学級応援歌をつくる，オリジナルソングを授業参観で披露する，音楽の授業で歌の創作を楽しむなど，様々な用途で活用できます。

　なお，Suno AI では，テーマから音楽を生成できるだけでなく，歌詞を指定して歌わせることも可能です。

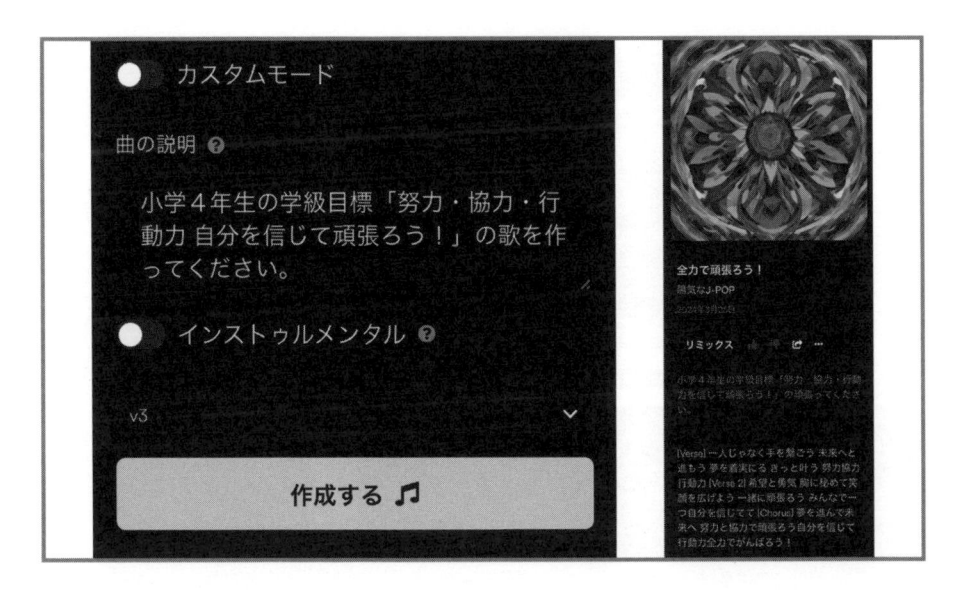

活用
アイデア

運動会の応援歌をつくる

応援歌で子どもたちを惹きつける

　音楽生成 AI を使用して運動会の応援歌を生成することで，学校の運動会をより盛り上げ，子どもたちの士気を高めることができます。オリジナルなので記憶に残りやすく，子どもたち自身の意思を反映した応援歌を短時間で生成することが可能です。

　これまでは既存の曲の替え歌をつくることが多かったですが，AI を使用すればその必要はありません。子どもたちにとっては選択肢が増えることで，音楽の創作活動への興味が高まるきっかけにもなるでしょう。

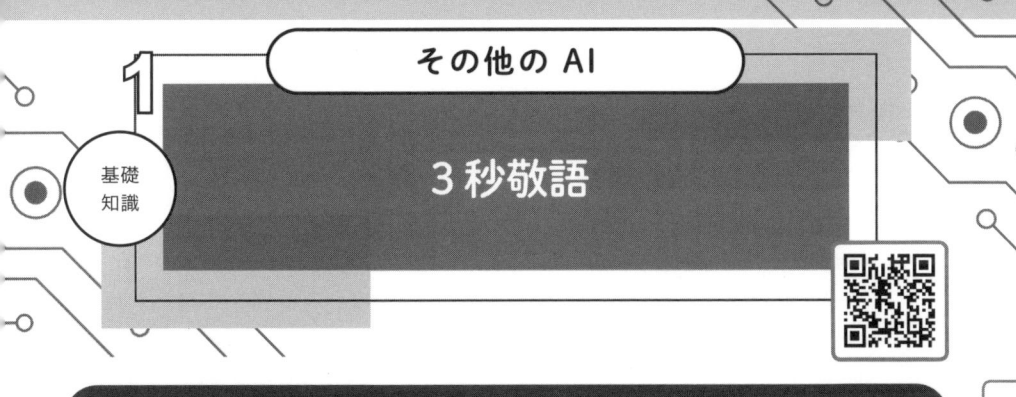

その他の AI

1

3秒敬語

文章を敬語に自動変換

　3秒敬語は，日本語の文章を自動で敬語に変換する AI ツールです。ビジネス文書，公的なメールなどのフォーマルな場面でのコミュニケーションに使用でき，正確かつ適切な敬語表現を迅速に生成してくれます。業務上のコミュニケーションにおいて正確な敬語を使用したいと考えている人や，敬語の学習をしたいと考えている人に非常におすすめのツールです。

　平文とメールのモードがあり，文書の目的や受け手に合わせて最適なスタイルを選択することができます。変換された敬語表現に対して，ユーザーが手動で微調整を行うことができる編集機能も備えています。

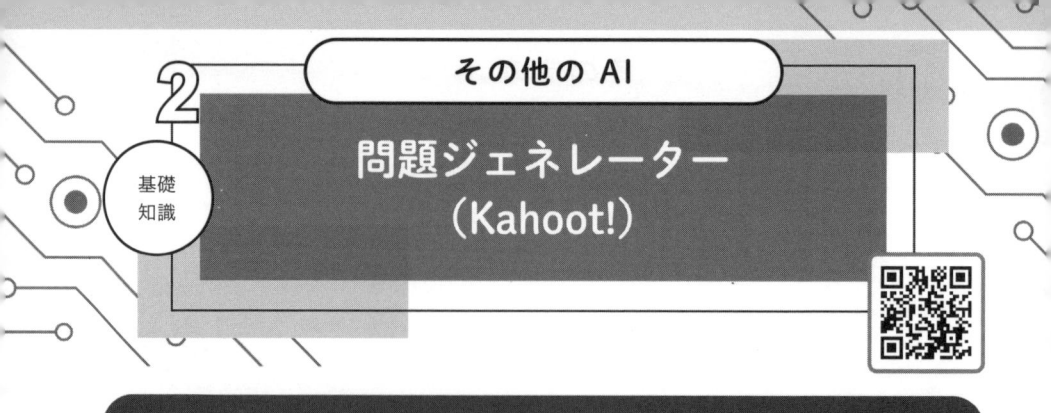

問題ジェネレーター（Kahoot!）

楽しく効率的な問題生成

　Kahoot! は，ゲームベースの学習ツールであり，これを活用することで教室内外での学習を楽しく効果的に進めることができます。近年，Kahoot! が AI 技術を導入し，先生たちがより簡単かつ効率的にクイズや課題を作成できるようになりました。

　Kahoot! の AI は，指定されたトピックにもとづいて質問と回答の選択肢を生成できるため，先生が準備に費やす時間を大幅に削減できます。選択問題だけでなく，穴埋め問題や短答問題など，様々な形式の問題を作成でき，学習体験の多様化と子どもたちの理解度の深化を図ることができます。

Kahoot! AI機能の使い方

①問題ジェネレーターを選択。

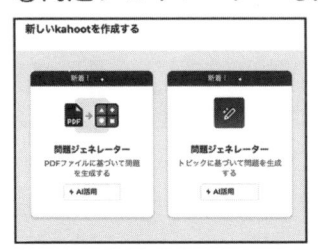

②ファイルをアップロード。

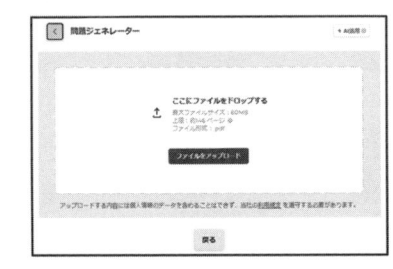

③データを選択して続行。

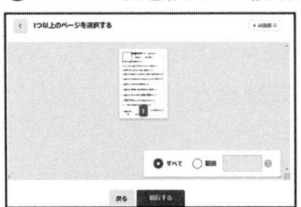

④問題を選択し、追加。

POINT ▶▶▶

Kahoot!のAIを使用すれば、問題と解答を自動で生成できます。テキストだけで問題生成する方法と、PDFから問題生成する方法の2パターンがあります。

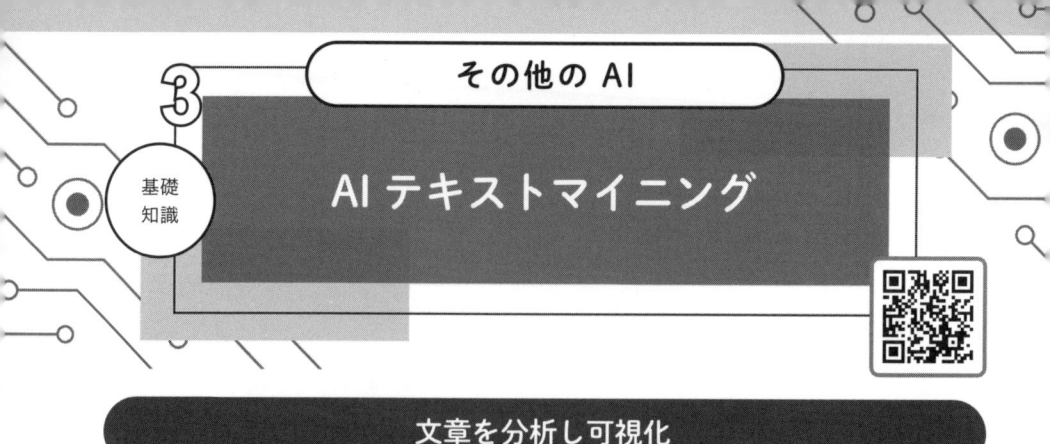

その他の AI

基礎知識

AI テキストマイニング

文章を分析し可視化

AI テキストマイニングは，AI を活用して大量のテキストデータから有用な情報を抽出し，その結果を可視化する技術です。このプロセスにより，データ内のパターン，トレンド，関連性を明らかにでき，文章内の重要な情報を直感的に理解することができます。

アンケートや感想・意見の分析，説明文や物語文の内容の要約，議論の可視化など，AI テキストマイニングは授業や学級経営など様々な場面で活用することができるでしょう。

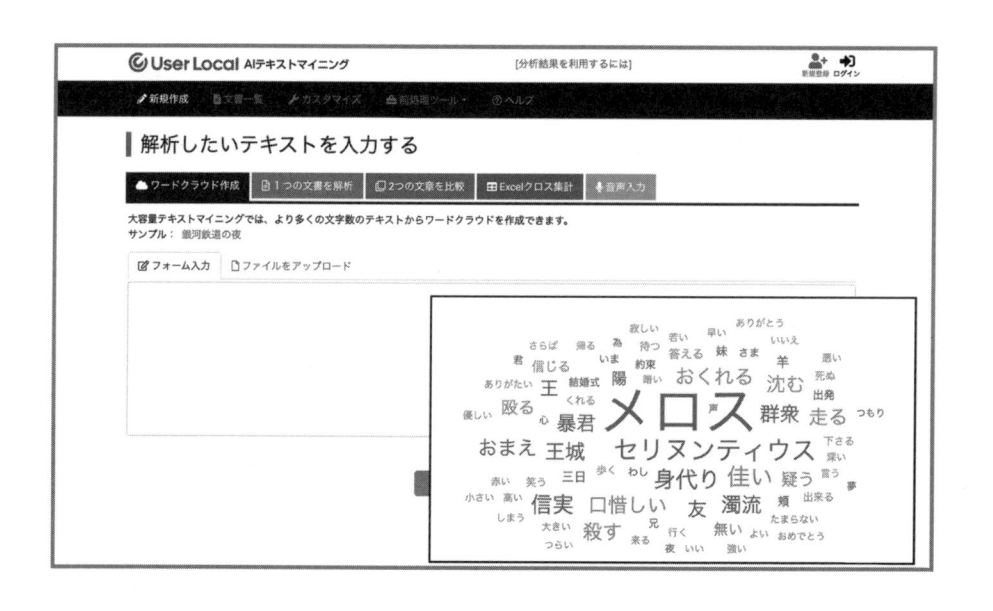

AIテキストマイニングの使い方

①AIテキストマイニングを検索。

②GoogleフォームやFormsの文章を貼り付ける。

③完成。

第2章　学校で使いたいAIのすべて　基礎知識＆活用術

POINT ▶▶▶

授業のアンケートや振り返り、物語文の感想など授業で学習した内容の概要を一瞬で可視化することができます。教職員間の研修でも使用できます。

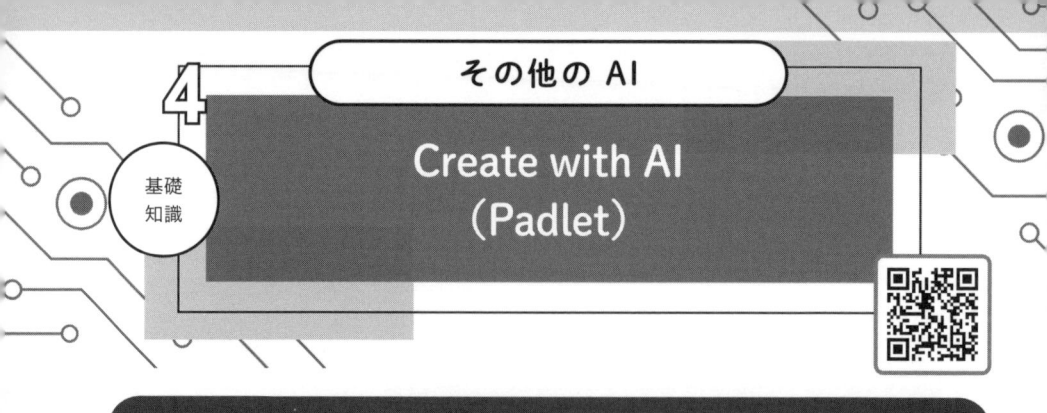

その他の AI

4 基礎知識

Create with AI (Padlet)

瞬時にトピックをまとめる AI

　Padlet の AI は，情報を迅速に収集し，整理し，視覚的に魅力的な形でトピックをまとめることができる先進的なツールです。

　Create with AI は，インターネット上の情報から関連するコンテンツを瞬時に抽出し，それを使いやすく整理された形で提供します。例えば，「縄文時代」と入力すると，関連するトピックを瞬時に収集し，情報を整理してまとめます。調べ学習に活用すれば，効率的に情報収集ができるでしょう。さらに，生成されたコンテンツは，チームメンバーやクラスメイトと簡単に共有することができ，協力してプロジェクトや課題に取り組むことが可能です。

Create with AI（Padlet）の使い方

①サインアップ。

②「Padletを作成」を選択。

③AIの種類を選択。

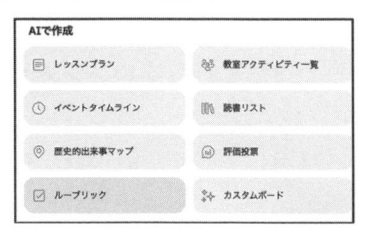

④作成内容を入力。

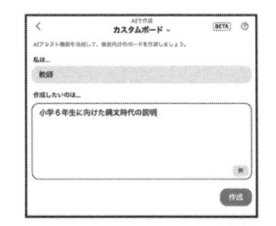

⑤完成。

POINT

PadletではAIの選択肢が多く、様々なデザインを生成でき、無料で使用できます。有料版にすると、ボードの数を増やすことができ、さらに活用の幅が広がります。

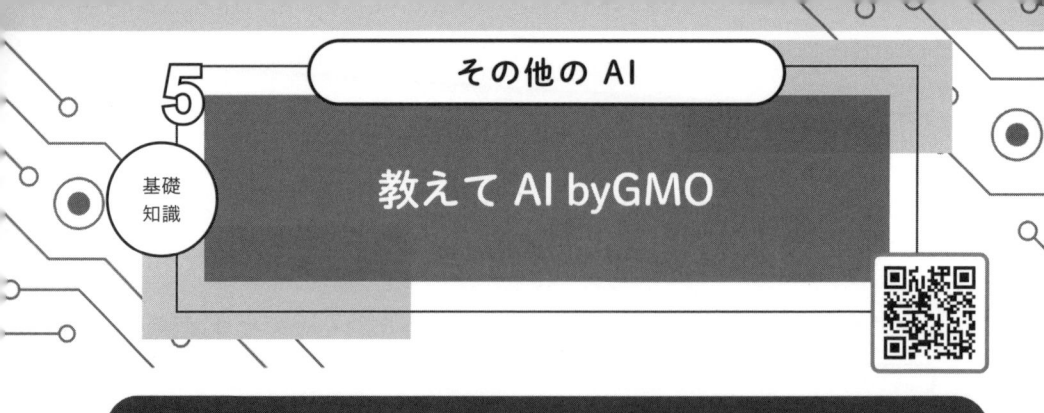

その他の AI

5 基礎知識

教えて AI byGMO

教えて AI byGMO は，ChatGPT や Gemini などの生成 AI が利用者の意図通りの結果を生成するために必要なプロンプトのポータルサイトです。文章生成のプロンプトに特化しており，完全無料で利用できます。ウェブサイトに掲載されるのは，AI の専門家が作成したプロンプトや GMO インターネットグループ内での公募により集まり，有用性が確認されたプロンプト及び一般の方が投稿したプロンプトなどです。

文章生成 AI や画像生成 AI などを上手に活用していくためには，適切なプロンプトの書き方を学ぶ必要があります。このサイトを活用することで，プロンプトを学習できるでしょう。

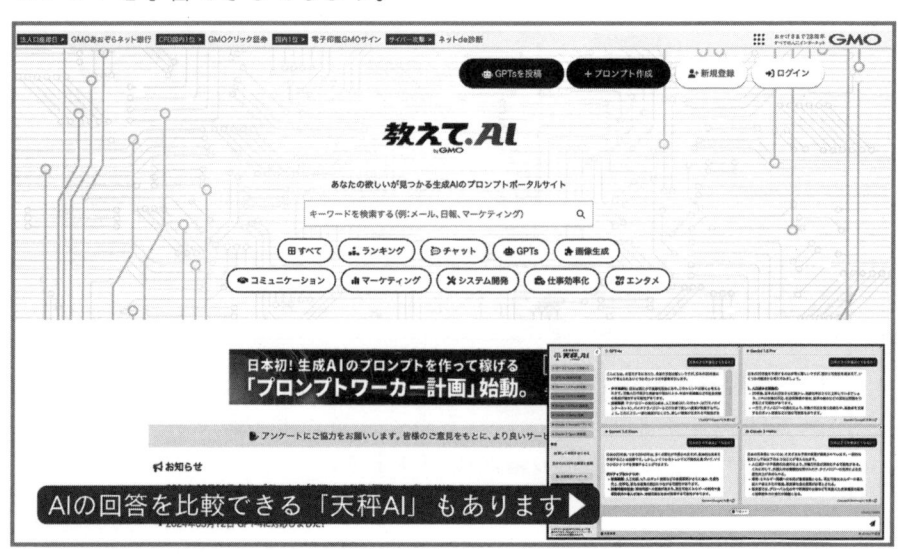

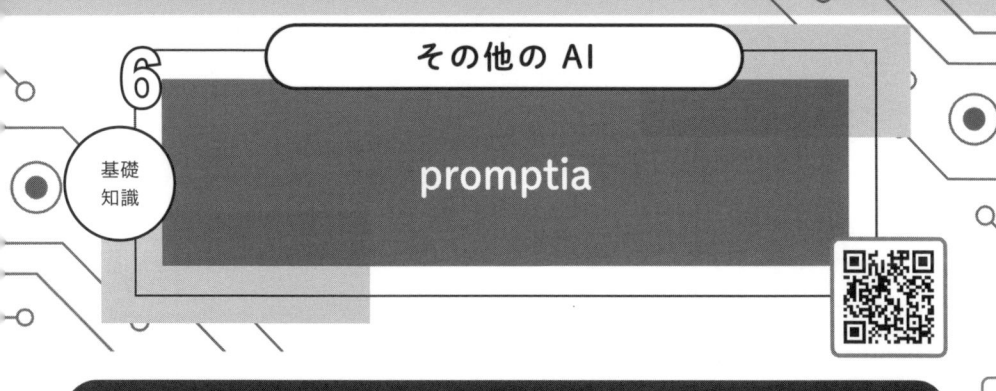

6 その他の AI

基礎知識

promptia

ケースごとの最適なプロンプト実例を紹介

　promptia は，AI を活用するためのプロンプトを効率的かつ創造的に考えるためのウェブサイトです。このウェブサイトでは，特定のタスクや質問に対して最適なプロンプトを紹介しています。

　プロンプトの学習ができるだけでなく，ChatGPT などの文章生成 AI の使い方や特徴も同時に学ぶことができます。生成 AI を上手に活用するための情報が満載です。プロンプトの定番のフレーズ，便利なテンプレート，追加の質問の仕方などを学べます。文章生成 AI をよく使う方は必ず押さえておきたいウェブサイトです。AI の研修をする際にも非常に役立ちます。

Miro

協働的な学びを実現するオンラインホワイトボード

Miro は，チームのアイデア出しプロセスを促進し，創造的なコラボレーションを支援するオンラインホワイトボードツールです。教育業界では，Google Jamboard の代わりとして注目を集めています。このツールを活用すると，リアルタイムでのアイデアの共有，フィードバック，そしてプロジェクトのブレインストーミングが容易になります。また，チームメンバーであればどこからでもアクセスし，共同で作業することができます。

Miro AI は，12の機能を備えており，意見やキーワードにもとづいたアイデアの生成，要約，分類，テキストプロンプトにもとづいた画像の生成，シーケンス図（相互作用図）の生成などが可能です。

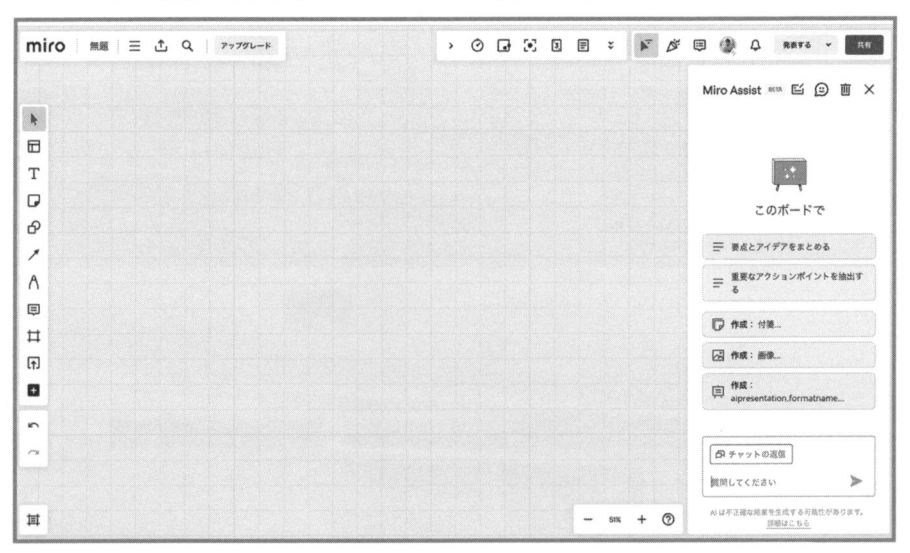

Miroの使い方

①サインアップ。

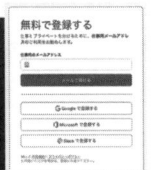

②新しいボードを選択。

③AIを起動。

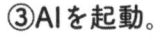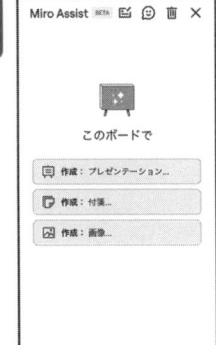

プレゼンテーション生成 　　　　　　画像生成

POINT

Miroはオンラインホワイトボードツールで、協働的な学びを支援します。MiroにはAI機能として、プレゼンテーション生成や画像生成などが備わっています。

8 基礎知識

その他の AI

FigJam

協働を促進するオンラインホワイトボード

　FigJam は，共同作業の際にとても便利なオンラインホワイトボードツールです。教育業界では，Miro と同様に Google Jamboard の代わりとして注目を集めています。

　教育現場では，子どもたちが共有機能でデジタルノートを同時に編集したり，グループプロジェクトの計画を作成したりする場面でその力を発揮します。先生は，授業計画，学習活動の設計や，説明を補足する図解を作成するためにも利用できます。特に，遠隔教育やハイブリッド学習環境での使用において，教育の質を高めるのに効果的なツールと言えます。

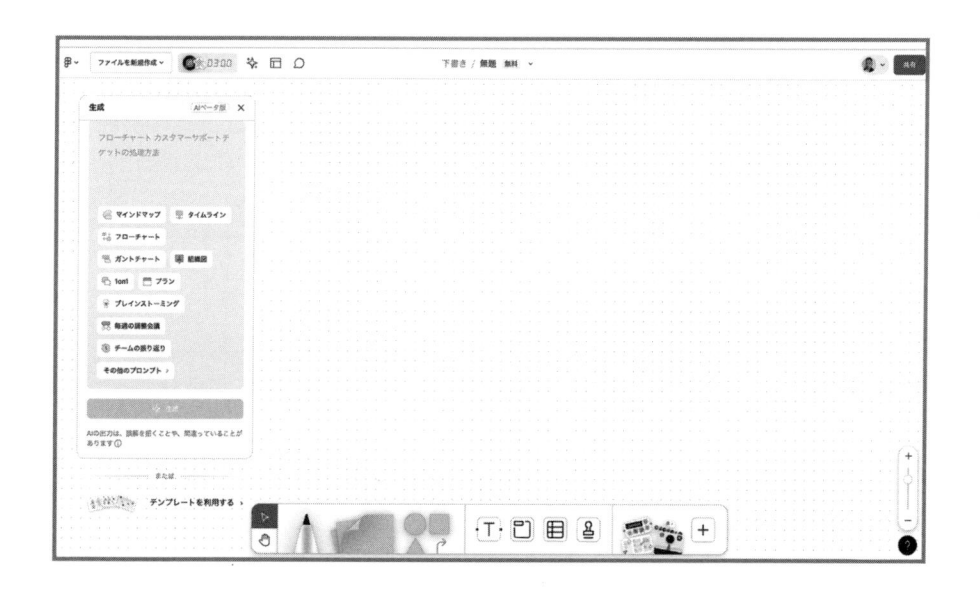

FigJamの使い方

①サインアップ。

②FigJamボードを選択。

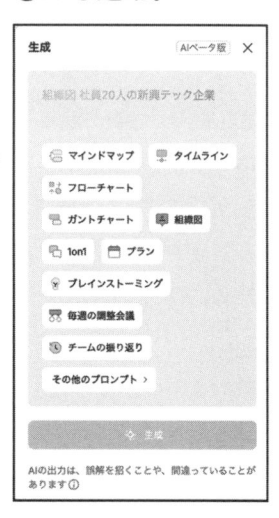

③AIを起動。

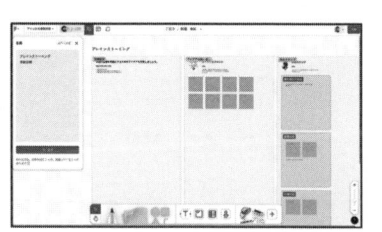

ブレインストーミング生成

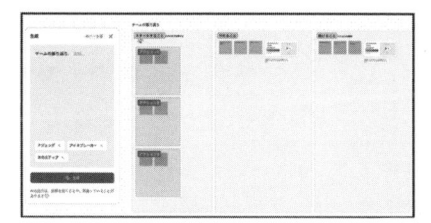

付箋の生成

POINT ▶▶▶

FigJamのAIを使用すれば、マインドマップやフローチャート、タイムライン、組織図などをAIが自動で生成し、協働的な学びをサポートできます。

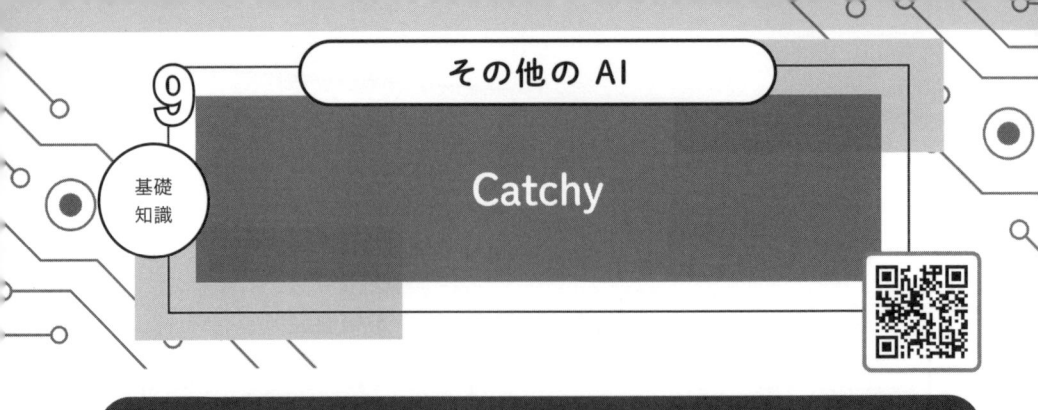

キャッチコピーを生成

　Catchy は，キャッチコピーを生成する AI ツールです。このプラットフォームを活用すれば，様々なシチュエーションに対応するフレーズを短時間でつくることができます。先生の場合，学級通信名や通信の見出し，本を紹介するためのキャッチコピーのお手本，作文の題名などに使用することができます。

　Catchy は，使用したい場面や媒体の概要を入力するだけで，複数のキャッチコピー案を瞬時に提供します。生成されたキャッチコピーは，ニーズに合わせて再編集が可能です。これにより，オリジナルのフレーズを作成することができます。

その他の AI

10 基礎知識

Timely

時間管理をスマートに

　Timely は，AI 技術を活用して時間管理を自動化し，効率化するツールです。個人やチームが行う作業を自動的に追跡し，時間の使用状況を分析・可視化するため，プロジェクトの計画，実行，レビューの各段階での生産性向上に繋がります。

　特に，業務の進捗がリアルタイムで可視化されることで，時間の浪費を削減し，より戦略的な時間の使い方を検討できます。また，どのプロジェクトやタスクにどれだけの時間を費やしているかを自動的に分析し，記録してくれるので，手動での時間記録の手間が省かれる点もポイントです。

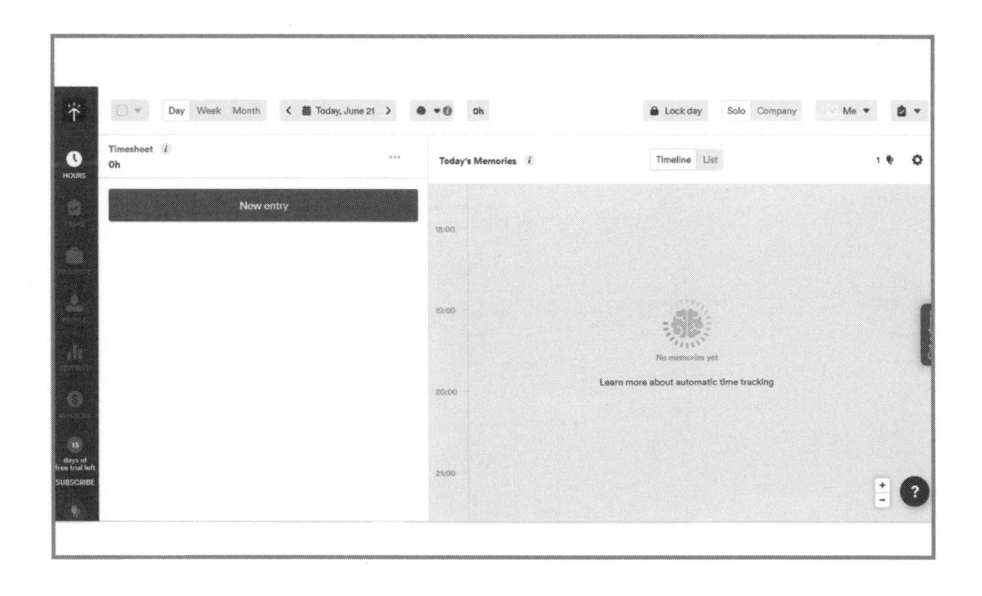

その他の AI

11 基礎知識

Speak

英会話学習をサポート

　Speak は，AI 技術を活用して個人の英会話学習をサポートするツールです。リアルタイムの会話練習，発音の改善，語彙の拡充を目的としており，自宅だけでなく移動中などのすきま時間においても効率的に英語のスキルを向上させることができます。

　Speak には，幅広いレベルに合わせて，個々の学習目標やペースにカスタマイズ可能な学習プランを提案する機能があります。AI とのリアルタイムの会話を通じて，実際のコミュニケーションシーンを想定した練習が可能です。また，こちらの発言に対して即時のフィードバックもあるため，発音や文法の誤りをすぐに修正でき，会話能力の向上に繋がります。

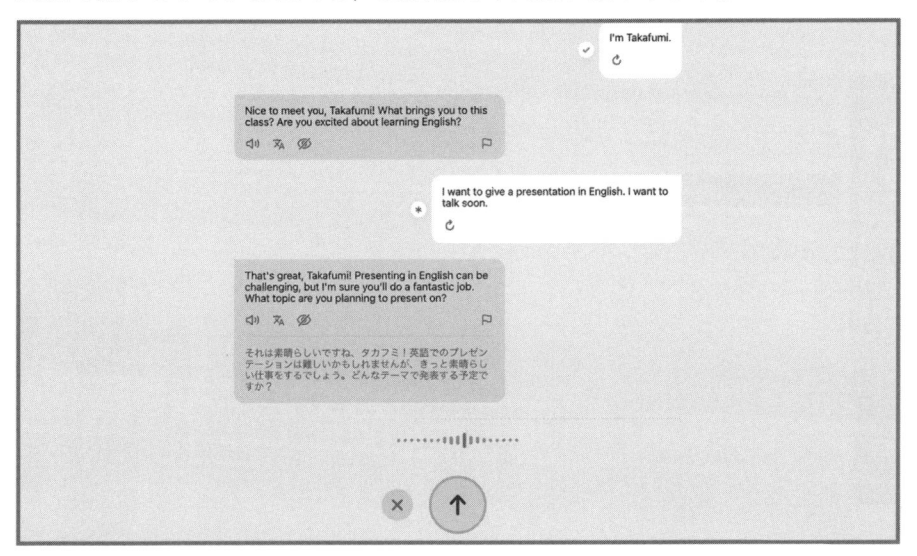

その他の AI

tl;dv

議事録を生成

　tl;dv は，オンラインミーティングやウェビナーの議事録を生成する AI ツールです。ビデオ会議の内容をリアルタイムでテキスト化し，重要なポイントや決定事項を簡潔にまとめることで，後から見返して検索やレビューを行うことが容易になります。

　tl;dv の目的は，会議の効率化と生産性の向上であり，チームメンバーが議論の内容を正確に把握し，フォローアップをスムーズに行うサポートをしてくれます。参加者はメモ取りに集中することなく，議論に専念できる点もメリットです。

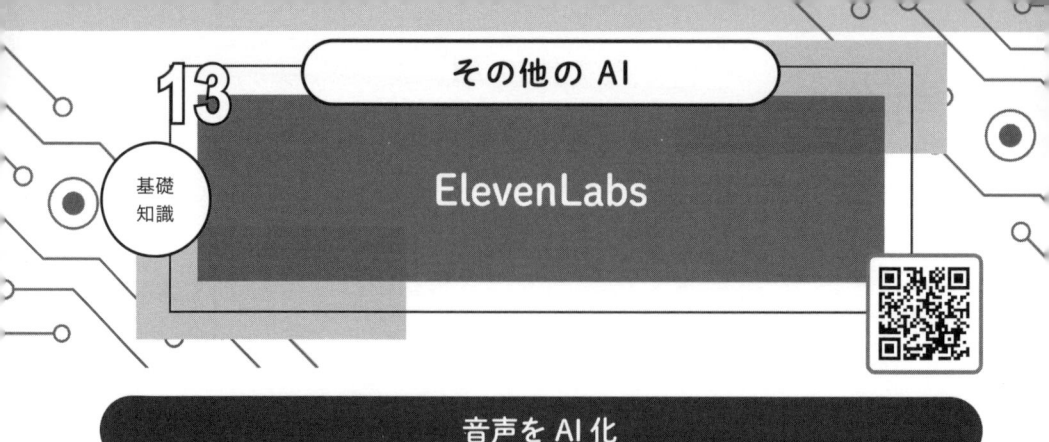

その他の AI

13

基礎
知識

ElevenLabs

音声を AI 化

ElevenLabs は，AI 技術を利用して，リアルな人間の声を再現・生成するツールです。これによって，特定の人物の声をモデリングして，その声で任意のテキストを読み上げさせることが可能になります。ポッドキャストの制作，オーディオブックの朗読，映画やビデオゲームの翻訳や吹き替え，さらには個人の声のクローン作成に至るまで，幅広い用途で活用できることが特徴です。

ElevenLabs の AI は，人間の声のニュアンスや感情表現を含め，非常にリアルな音声を生成できるので，違和感が少なく自然に聞くことができます。

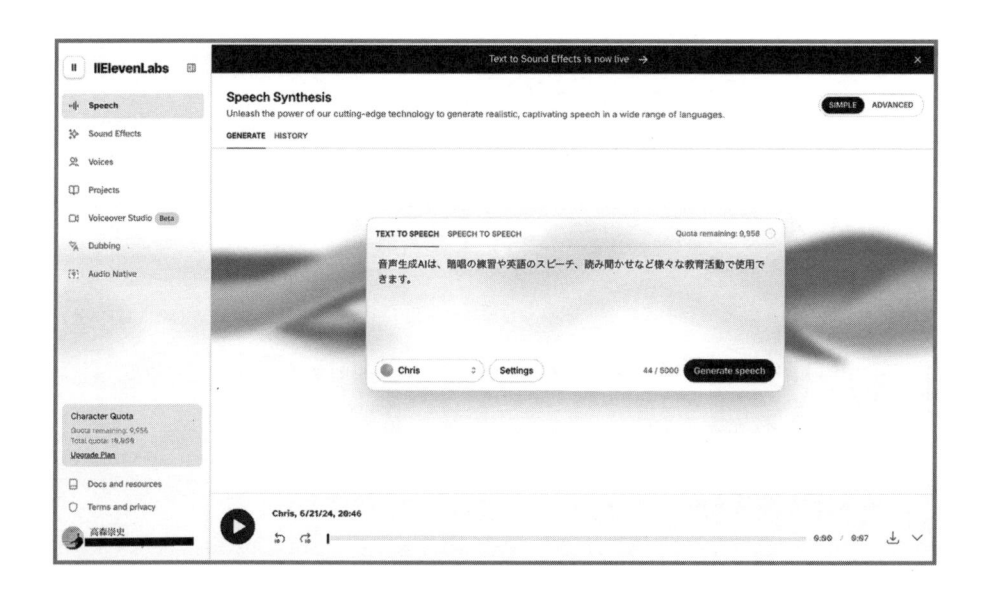

ElevenLabsの使い方

①サインアップ。

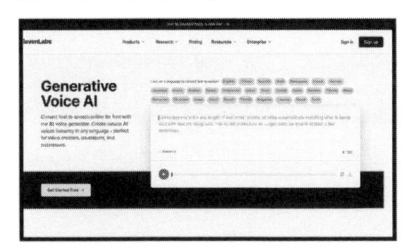

②音声にする文章を入力。

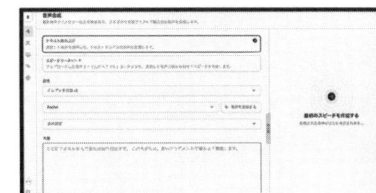

③「生成する」を選択。

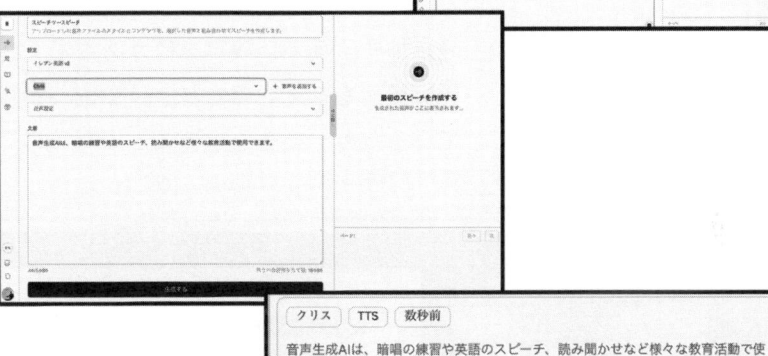

④完成。

クリス　TTS　数秒前

音声生成AIは、暗唱の練習や英語のスピーチ、読み聞かせなど様々な教育活動で使えます。

▶ 遊ぶ　　　　　　　⬇ ダウンロード　∨　🗑 消去

POINT ▶▶▶

無料プランでも基本的な機能を試すことができます。
ただし、生成できる音声の長さや使える機能に制限があります。

その他の AI

14 基礎知識

Vidon.ai

ウェブの内容を動画で要約

　Vidon.ai は，手軽に動画を生成できるツールです。ウェブサイトの URL を貼り付けるだけで，そのサイトの内容を反映した動画を生成します。

　教育現場においては，ウェブサイトの内容を簡単に子どもたちに伝えたり，社会科などで学習内容を動画でまとめさせる際のお手本として使用したりすることができます。

　最大の特徴は，動画作成の手軽さです。細かい設定を行う必要なく，動画を瞬時に生成できます。また，音声機能も搭載しており，自動的に音声を生成します。複数の言語に対応しているため，英語を学習させるための短い動画を生成することも可能です。

15 その他の AI

基礎知識

Chat D-ID

リアルタイムでの対話生成

　Chat D-ID は，AI を活用してリアルタイムで対話を生成するプラットフォームです。人間らしい対話が可能になることで，教育，カスタマーサポート，エンターテインメントなど，幅広い分野に革新がもたらされています。最大の特徴は，自然言語処理（NLP）技術によって，ユーザーの質問やコメントに対して即座に，かつ適切な反応ができることです。

　Chat D-ID を活用することで，対話型の学習を１人でも行うことができます。例えば，AI キャラクターと英会話の練習や，ペア活動の練習を AI と行うなどの活用方法によって，実践的なコミュニケーション力を養うことに繋がります。

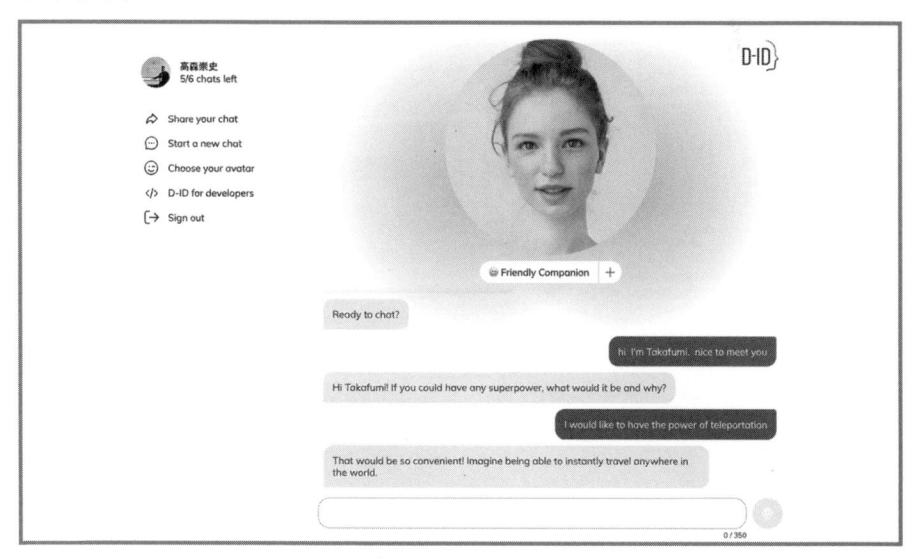

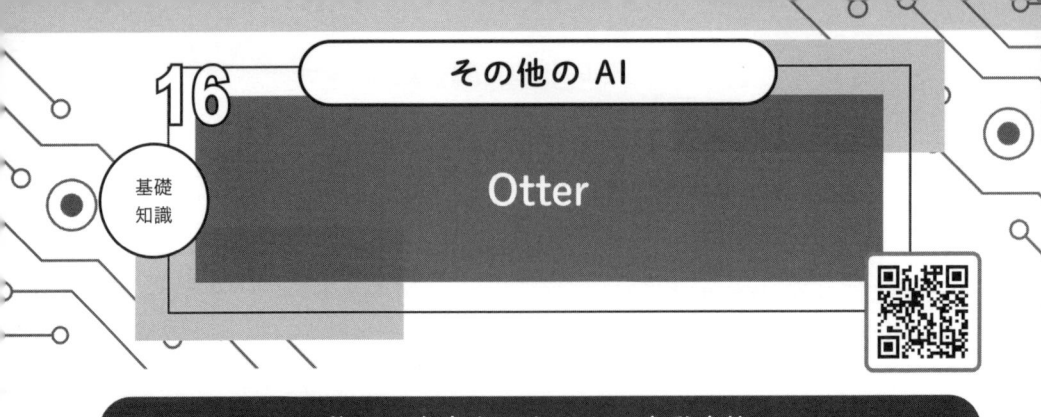

Otter

英語の音声をテキストに自動変換

　Otter は先進的な音声認識と AI 技術を駆使したツールで，リアルタイムで音声のテキスト変換ができます。会議，講義，インタビューなどの各種音声を正確にテキスト化し，その内容を瞬時に共有することが可能です。

　教育現場では，Otter を利用して海外の授業の内容をリアルタイムで文字起こしし，子どもたちに提供するなどの活用方法が考えられます。海外の学校との交流授業もスムーズに行うことができるでしょう。また，先生個人としても YouTube で英語を学んだり，英語圏の方々とのコミュニケーションに役立てたりすることができます。

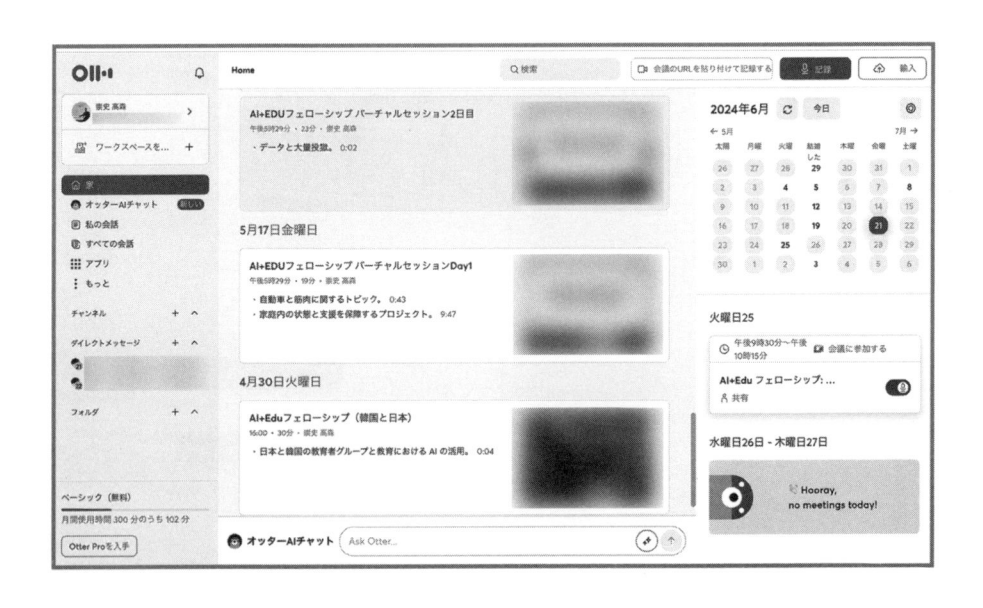

Otterの使い方

①サインアップ。

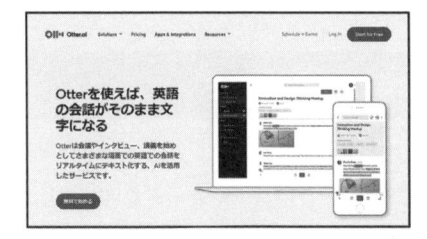

②設定。

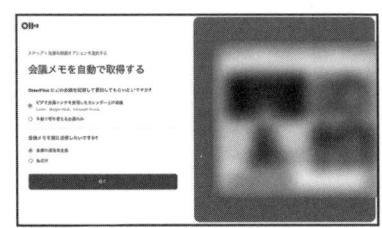

③右上のマイクマークから記録。

POINT

300分まで無料で記録することが可能です。外国語の授業において、海外の子どもたちと英語でオンライン通話をする時などに有効活用できます。

その他の AI

17

基礎知識

ChatPDF

PDF 文書の内容を自動で要約する

　ChatPDF は，PDF 文書を解析し，その内容をもとにしてこちら側の質問に回答してくれる AI ツールです。テキスト検索ではキーワードの検索しかできませんが，ChatPDF は文脈を理解し，内容にもとづいた具体的な回答を生成することができます。

　学校で活用する場合は，教材や参考資料から情報を検索したり，質問回答のやり取りを通して理解を深めたりすることができます。子どもたちは疑問の回答を即座に得ることができるため，自習や課題の効率が向上します。先生にとっては，授業の準備や子どもたちからの質問に対する迅速な対応に役立つでしょう。

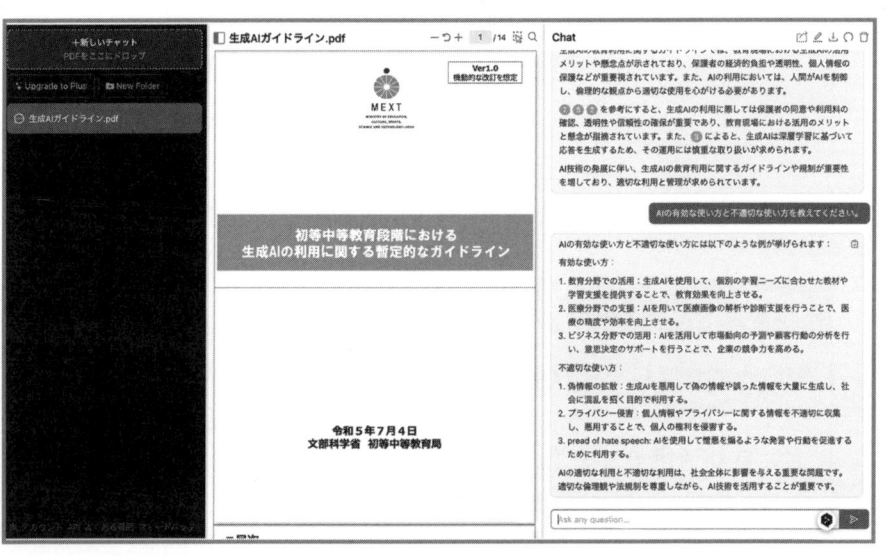

ChatPDFの使い方

①ウェブサイトを開く。

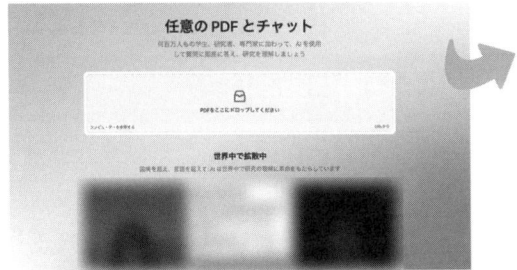

②PDFをアップロードする。

③PDFの内容について質問をする。

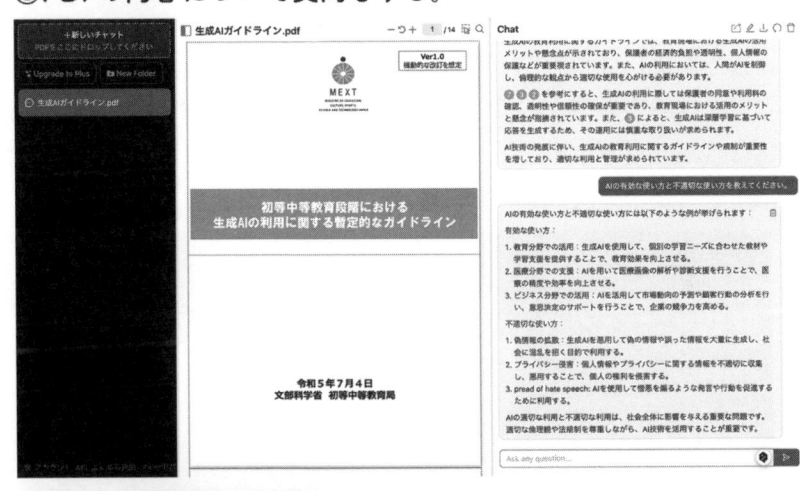

POINT

右下の欄からPDFの内容について質問をすることで、AIが自動で回答を生成します。PDFを自分で読み込む時間が足りない方におすすめです。ただし、すべての情報が正しいわけではないので、自身で最終判断が必要です。

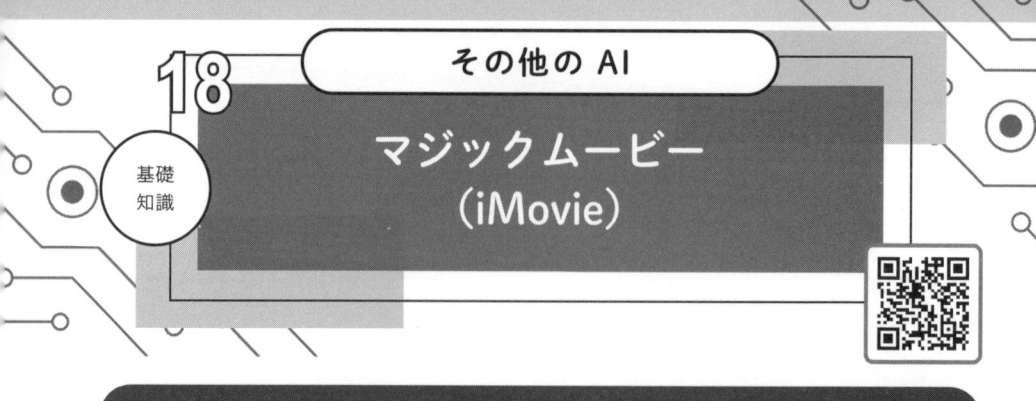

18

基礎
知識

マジックムービー
（iMovie）

学級の思い出を一瞬で動画に

　iMovie のマジックムービー機能で，クラスの思い出動画を簡単に作成できます。このツールを活用することで，先生は学期末や年度末の作業効率を格段に向上させることができるでしょう。マジックムービーは，撮影したビデオクリップや写真を選択すると動画を生成する機能であり，特別な編集技術は必要ありません。

　生成された動画には，テキストの追加，フィルターの変更，テーマ音楽の変更など様々な編集を加えることができ，特定の内容を強調したり，クラスの雰囲気に合わせたりすることが可能です。メッセージや流行の曲を入れることで，子どもたちの関心をさらに高めることもできます。

マジックムービー（iMovie）の使い方

①iMovieを起動し、新規プロジェクトを選択。

②マジックムービーを選択。

③使いたい写真やビデオクリップを選択して、完成。

④メッセージや音楽の変更も
自由自在。

POINT

マジックムービーなら写真やビデオクリップを選択するだけ
で、簡単に動画を作成できます。作成後もメッセージや音楽
を自分の好みに合わせて変更することが可能です。

CLOVA Note（LINE）

音声をテキストに変換する

　CLOVA Note は，LINE が提供する AI ベースの音声認識ツールであり，音声をテキストに変換することが主な機能です。授業，会議，インタビューなど，様々な場面での利用が想定されており，高精度の音声認識技術によって，話された言葉をリアルタイムでテキスト化し，記録や共有も簡単にできます。

　教育分野では，CLOVA Note を使用して授業中の議論や質疑応答を記録し，あとで分析することで，授業の改善に役立てることが可能です。子どもたちのプレゼンテーションやグループディスカッションの記録にも利用でき，評価やフィードバックの質を向上させることにも繋がります。

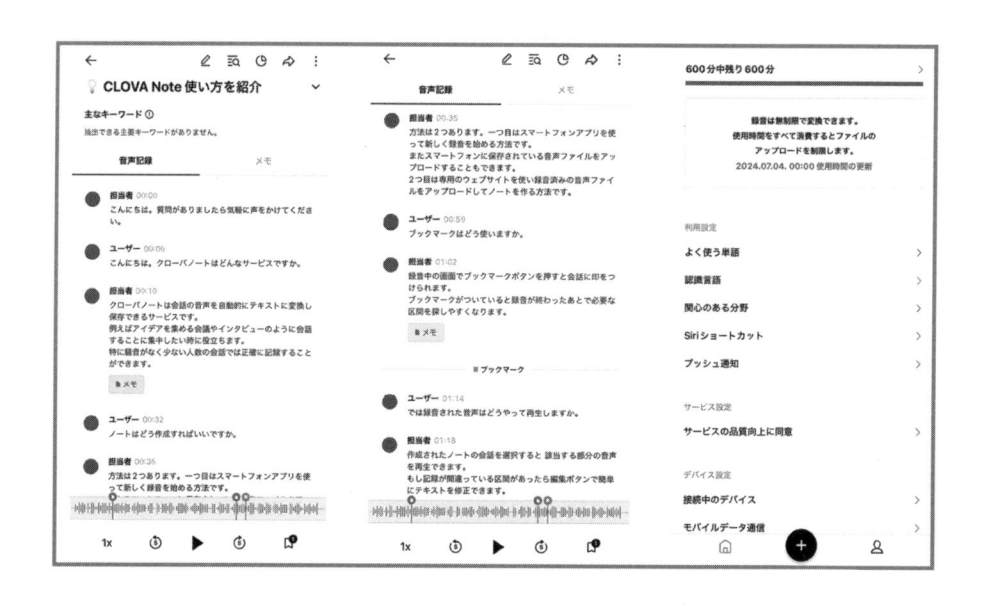

「こんなにたくさん使えない」というあなたに

無料で使いやすいものだけ厳選

①文章生成AIのおすすめ「Copilot」

　Copilotのいいところは，無料でGPT-4 Turboを利用できるというだけでなく，Microsoftツールとの連携，画像生成，PDFの要約，音楽生成AI「Suno AI」など，幅広い使用方法が考えられます。多くの学校では，日常の業務にMicrosoftツールを使用していることが多いため，使いやすいです。さらに，アプリ版もあるのでスマートフォンでも簡単に使えます。

②画像生成AIのおすすめ「Canva」

　本書でも紹介していますが，Canva内には複数のAIが搭載されています。なおかつ，高頻度でアップデートされるため，これからも機能がどんどん充実していくでしょう。画像生成AIだけでなく，音楽生成AI，文章生成AI，プレゼンテーション生成AIなど複数のAIが搭載されているので，「オールインワンツール」と言えます。先生であれば，登録によって通常では有料のツールも無料で使うことができるので，Canvaは重宝するでしょう。

　紹介した2つのツールは，非常に使い勝手がよく，無料とは思えない性能です。このツールを使えるかどうかで，仕事の生産性や効率に大きく差が出ます。AIを使いこなすコツは「とりあえずやってみる」ことです。使ううちに使い方はわかるようになります。また，AIの使い方を解説しているブログやYouTubeはたくさんあるので，本書を読みつつ，挑戦してみてください。

おわりに

2024年，私は Google for Education AI＋Edu Fellowship に選抜されました。このフェローシップのミッションは，AI が教育をどのように変えることができるのかを示し，教育者に具体的な実践例を提供することです。これは，日本と韓国の AI のオピニオンリーダーである教育者のために特別に企画されたものです。本書が世に出る頃には，私の実践も世界に発信されていると思いますので，ぜひご覧ください。

本書は私の 2 冊目の著書です。執筆にあたって，本書の内容が時期尚早ではないかと自問することもありました。現時点で学校現場の ICT 活用には地域差があり，ICT を十分に活用できていない教員も少なくありません。ましてや AI を活用している教員はごくわずかです。この本は，すでに AI を活用している教員がさらに深く学ぶためのものですが，それゆえに「先取りしすぎているのではないか」との不安もありました。

それでもこの本を書こうと決意したのは，子どもたちの未来のためです。今の小学生が大人になる頃には，AI 全盛期が訪れることは間違いありません。教育は未来に通じる子どもたちを育てるためにあります。そのため，私たちは10年後，20年後の子どもたちの人生を見据えて教えていく必要があります。

AI を活用する教師を見ながら育った子どもたちは，AI を当然のものと捉え，抵抗なく生活の中に取り入れていけるようになります。子どもたちの将来のためには，私たち教師が先行して AI を学び，その知識を子どもたちに伝えていくことが重要です。

将来，AI を中心とした社会で生きる子どもたちは，AI を学び，AI ととも

に生きる力を身につけていく必要があります。本書には，これからの時代に必要な AI の活用方法が詰まっています。本書が１人でも多くの方の助けとなることを心から願っています。

　最後になりましたが，執筆活動を最初から最後まで丁寧にサポートしてくださった明治図書の新井皓士さん，大変お世話になりました。ここに記して御礼申し上げます。そして，私をいつも支えてくれる，愛する家族に心から感謝します。

2024年 7 月

高森　崇史

参考文献

・日経クロストレンド『ChatGPT& 生成 AI 最強の仕事術』（日経 BP，2023）
・田口和裕，森嶋良子，いしたにまさき『生成 AI 推し技大全 ChatGPT ＋主要 AI 活用アイデア100選』（インプレス，2024）
・文部科学省「初等中等教育段階における生成 AI の利用に関する暫定的なガイドライン」（2023）
・高森崇史『先生のための AI&ICT 働き方革命術』（明治図書，2024）

【著者紹介】

高森　崇史（たかもり　たかふみ）

1988年熊本県生まれ。熊本大学教育学部を卒業後，熊本県公立小学校教諭として勤務。2024年，Google for Education AI＋Edu Fellowship に選抜され，AI教育の実践を世界に広めている。

Google for Education 認定トレーナーやマイクロソフト認定教育イノベーター（MIEE），Goodnotes Brand Ambassador（日本人初），Kahoot! Ambassador，Wakelet Ambassador，ロイロ認定 Teacher，デジタル推進委員，生成AIパスポートなど40以上の資格を取得。

また，Instagram，Voicy，Threads，X を中心とした各種 SNS で「ルート先生」として学級経営や授業，仕事術，AIや ICT 教育について毎日発信。SNSの総フォロワーは3万人超。著書に，『ゼロからでもすぐ取り組める　先生のための AI ＆ ICT 働き方革命術』（明治図書）がある。

NEXT GIGA の仕事イノベーション
学校で使いたい AI のすべて

2024年9月初版第1刷刊 ©著　者	高　森　崇　史		
発行者	藤　原　光　政		
発行所	明治図書出版株式会社		

http://www.meijitosho.co.jp
（企画）新井皓士（校正）井村佳歩
〒114-0023　東京都北区滝野川7-46-1
振替00160-5-151318　電話03(5907)6701
ご注文窓口　電話03(5907)6668

＊検印省略　　　　組版所 広 研 印 刷 株 式 会 社

Printed in Japan　　　　　ISBN978-4-18-336423-4
もれなくクーポンがもらえる！読者アンケートはこちらから
→